梁光耀 ● 著

圖說實用
邏輯學

Logic

U0061836

非凡出版

目錄

前言

邏輯的英文是 Logic，其字根來自 Logos，含有多重的意思，包括言說、原則、思考等等。簡單來說，邏輯是一門研究推論的學問，其他學科的知識都建基於合理的推論；也可以說，邏輯是其他學科的基礎，難怪亞里士多德稱之為「第一科學」。最初孫中山將 Logic 翻譯為「理則學」，即所有學科的通則或道理，由此可見邏輯有着基本重要性。

全書可分為五部分，第一部分（1 至 7 篇）針對語意的弊病，如概念扭曲、空廢命題和語意曖昧等，主要涉及意義分析。我認為，意義比推論更加基本，舉個例：「甲的年紀大過乙，乙的年紀大過丙；因此，甲的年紀大過丙。」相信大家都能作出這個正確的推論，但如果是一個不懂中文的外國人，就不能辨別這個推論是否正確，因為他根本不明白文字的意思，由此可見意義的先行性。

第二部分（8 至 18 篇）會講述論證的分類、評價和建構，重點是演繹論證，也涉及悖論、詭辯及辯證等題目。第三部分（19 至 26 篇）主要講解歸納論證和科學方法，科學的本質是歸納法。

第四部分（27 至 39 篇）的主題是謬誤，包括謬誤的定義、分類、成因及個別謬誤的分析。第五部分（40 至 46 篇）可以說是應用篇，

思考道德、科技、藝術和宗教等問題。本書也可以理解為講述批判思考，相對於批判思考，附錄是有關創意思考。

本書所講的只是邏輯的很基本部分，就演繹邏輯而言，僅略為提及定言邏輯和命題邏輯，還沒有講到謂詞邏輯。邏輯還有很廣闊的範圍，除了二值邏輯外（即涉及真假兩種可能的推論），尚有多值邏輯、規範邏輯、模態邏輯等等。

梁光耀

2023 年 3 月書於馬鞍山

01 / 批判思考

批判思考教壞學生，只懂批評、找錯誤、責罵，毫無建設性！

批判思考不僅是批評，也包括判定；不只是否定，也可以有肯定。

議員

教師

4

思考主要分為兩種，一種是批判思考，另一種是創意思考。筆者求學的年代，提倡的是批判思考，現在社會轉型，重視的是創意思考。批判思考雖然提倡了很久，但仍然有不少人像漫畫中的議員一樣，誤解了它，所謂「批判」不一定是負面或專找錯處，更不是責罵或批鬥。「批判思考」是英文 Critical Thinking 的翻譯，雖然「批判思考」並沒有統一的定義，但從英文 Critical 這個字可以了解它是一種審慎的思考，對應中文的「慎思明辨」。

在筆者求學的時代，大學的「批判思考」課程都是教授邏輯或思考方法，也很自然由哲學系來開辦；不過，近年已有所改變，批判思考並不由哲學所壟斷，其他學系都會開辦有其特色的「批判思考」課程，例如商學院會強調決策理論，社會學院會注重社會批判，人文學院則強調人文價值的思考。我並不反對各學院有其特色或着重的面向，但有些說法似乎過於極端，例如教育學者 John McPeck 在 *Critical Thinking and Education* 一書中否定有普遍意義的思考方法，他認為由於每個學科都有其特定的內容，也有其判斷知識的標準，所以我們必須學習某個學科的具體內容，才能掌握其「思考方法」。但問題是，即使不同學科有不同的內容和知識標準，但其實由此是推論不出「沒有普遍性的思考方法」，例如演講的內容可以每次都不同，但並不表示沒有普遍意義的演講技巧或方法。當然，數學的「證明」不同於科學的「證明」，科學的「證明」亦有異於法律上的「證明」；但若這些學科內容犯了謬誤，也必遭批判。況且，學科之間也不是毫無關係，比如說法律是預設了科學的

知識，科學報告往往是呈堂的證據；而科學也預設了數學，很多科學定律都是以數學公式陳構出來的，例如著名的 $E = mc^2$。

但甚麼才是具普遍意義的思考方法呢？根據李天命先生的「思方學」，主要有四部分，分別是：語理分析，要旨是釐清關鍵的概念；邏輯方法，即是演繹推論；科學方法，本質是歸納推論；謬誤剖析，即針對錯誤的思考方式。思方學也可以簡化為兩個重點，一個是思考清晰，另一個是推論正確；清晰是思考的起點，推論則是思考的主體。

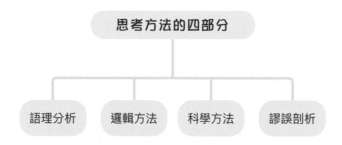

思考方法的四部分

語理分析　　邏輯方法　　科學方法　　謬誤剖析

這些普遍的思考方法適用於所有學科或有認知性的言論，也能接上各學科講的獨特性思考方法。當然，單單掌握了普遍的思考方法，但對某個學科的內容或特定課題沒有起碼的認識，能作出的有意義批判其實很有限。舉個例，美國前總統喬治布殊曾在電視上說：「你若不是拉登的敵人，就是美國的敵人。」我們固然可以批評他犯了假兩難的謬誤，因為美國敵人和拉登敵人兩者既不排斥，也不窮盡；我既可成為美國敵人和拉登敵人，也可以不做兩者的敵人；若所謂「批判」到此為止，其價值也就不大，頂多是多了一個假兩難的實例。但如能對國際形勢和美國的反恐政策有所認識，所作的「批判」就會深刻和有意義得多。

批判思考的三個層次

普遍意義的思考方法

個別學科的知識判準

自我反省
（包括個人的心理和行為）

批判思考還有一個少被人提及的面向，就是「自我反省」，包括對思考的思考或反省。一個善於批判思考的人應該有較高的自我反省能力，但也有可能困於自己思考的盲點而不自覺。自我反省的對象可以包括個人的信念、心理和行為，這些信念和心理有時會帶有偏見，那就會影響我們的思考。自我反省可以說是跳高一層的思考，是對整個人的思想和行為進行反省，繼而作出調整或改變。

思考方法是以思考清晰和推論正確為標準或目標；那麼，自我反省的標準或目標又是甚麼呢？當然，各家各派有不同的說法，儒家式的「每日三省吾身」是以道德為標準，佛家的「八正道」則比較全面，而我曾說是「自主性」，包括自我審視和自我控制。

圖說實用邏輯學

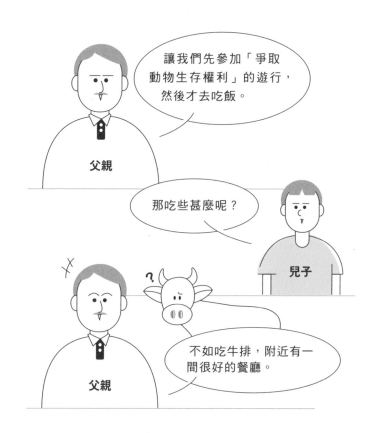

思考清晰的要點是掌握關鍵概念的意思。舉個例，很多人會用「自相矛盾」來批評別人的言論，但往往將沒有自相矛盾的東西當成是自相矛盾，如批評「既喜歡哲學，又喜歡藝術」是自相矛盾，但哲學和藝術只是不同的東西，兩者並不存在矛盾或對立。又例如很多主張動物權利的人，沒有先弄清楚究竟「動物權利」是甚麼意思——包括甚麼動物、這些動物究竟擁有甚麼權利。若動物有某種權利，則人類對應動物有某種義務（要注意的是，動物並沒有相應的義務，因為動物根本不可能理解義務，談動物義務是荒謬的），如果動物有生存權利的話，我們就不可以吃動物，要做素食者；如果動物有自由權利的話，我們就要關閉動物園，也不可以飼養寵物；如果動物有財產權利的話，我們就連牛奶和雞蛋都不可以食用了。為免自相矛盾，當提出動物有某種權利時，先想想自己能否承擔對應的義務。

蘇格拉底說：「哲學是意義的探求。」在這裏，「意義」有兩個意思，一個是人生意義，另一個是字詞的意義，蘇格拉底就經常探討「正義」、「真理」、「美」和「對錯」的定義。有不少爭論都是源於雙方對字詞有不同的了解，這個時候就需要定義一下有關的字詞，正如伏爾泰所說：「在我們討論問題之前，請將字詞定義清楚。」例如要回答「安樂死是否自殺？」這個問題，第一步就是先釐清「安樂死」和「自殺」的意思，根據病人的意願，安樂死可以分為三種：自願安樂死（病人想死）、非自願安樂死（病人無法表示意願，如昏迷的病人，由其家人代決）及不自願安樂死（病人不想死），似

乎只有自願安樂死有資格稱為自殺，但「自殺」有沒有清晰的定義呢？「自殺」由三個必要條件所組成，加起來就是自殺的充分條件：一是當事人有尋死的意願；二是當事人親手殺死自己；三是沒有人強迫當事人殺死自己。根據這個定義，自願安樂死就不算是自殺，因為病人並沒有親手殺死自己，他需要醫生的幫助。不過，我認為第二個條件其實有修改的空間，若將它改為「當事人做出某些促使自己死亡的行為」；那麼，自願安樂死就可算是自殺。

雖然說定義之爭好像只是字眼使用的問題，我們應該注意事實或真相，但有時定義是重要的，特別是涉及法律的定義，因為會有法律的後果。就以死亡的定義為例，現在是以腦死亡來定義「死亡」，記得多年前有個案例，有位垂死的病人陷入昏迷狀態，他的弟弟不忍心他繼續受苦，於是拔掉了呼吸器，讓他死去，後來這位弟弟被控謀殺，但最終獲判無罪，理由是無法確定當時病人是否已經腦死，基於疑點利益歸於被告，所以無罪釋放。

有礙清晰思考的言辭性質或弊病

	歧義	語辭多過一個意思
	含混	語辭應用範圍很廣
	概念扭曲	改變語辭的意思
妨礙清晰思考	空廢命題	將沒有信息的必然真句冒充有信息內容
	偽冒命題	沒有認知意義的語句冒充有認知意義
	混淆事實與價值	由事實判斷推論出價值判斷，反之亦然

圖說實用邏輯學

當然，不是所有概念都有清晰的定義，例如「藝術」和「時間」就是，但這並不表示我們完全不了解這些概念，我們是在實際使用時掌握其意思，並不是通過定義的方式。還有一點要注意的是，語文的意義是約定俗成的，意義可以改變，但通常是一個緩慢和自發的過程，試想「馬路」一詞在古代和現代的意思有甚麼不同就會明白。思考清晰固然重要，但所謂清晰是相對於場合而定，在非認知的場合，例如跟朋友閒談，就不用那麼着意說話的清晰性。即使在認知的討論場合，也不一定要盲目追求清晰性，而要視乎討論的目的而定，例如現在我們要討論有多少人贊成和反對「安樂死的合法化」，說有八成人反對，兩成人支持就足夠了，用不着交待實質的人數。

要思考清晰，需要對「語辭的多義」有一種警覺性，語辭的多義即是語辭有多過一個意思，又稱為「歧義」，例如在「言論自由」和「免於恐懼的自由」這兩個語辭中，「自由」的意思是稍有不同，前者是對應着消極的權利，即任何人有義務不妨礙他人表達的自由，而後者則對應着積極的權利，即有人（通常是政府）有義務保護我們免受恐懼。

三種歧義

圖說實用邏輯學

上一篇提過甚麼是歧義，那是指語辭有多過一個意思，有時即使在特定的語境也分辨不出，那就會引起思考混亂。歧義通常是由於字詞的多義所造成，例如「先生」，其中一個意思是老師，另一個是對男性的稱謂，還有一個是指丈夫。又例如「手指」，既可指稱身體的一部分，也可以指稱 USB 手指，當我第一次聽到有人說「失去了手指」，真是吃了一驚，原來他只是遺失了 USB 手指。歧義實在太普遍了，簡單如「這是我的書」這句話，也可以有兩個意思，一個是「我所寫的書」，另一個是「我所擁有的書」。歧義往往會導致誤解，如果出現在政治事件上，真的是可大可小。如果只是源於歧義而引來紛爭，那是多麼的無謂。但有時剛好相反，不是字詞多義，而是不同的字詞有着相同的意思，例如「一米」和「一公尺」，如果我們為某物是一米或一公尺長而爭論，那就是所謂「言辭之爭」，十分無謂。據說「耶和華」和「阿拉」指稱的是同一對象（要注意的是，指稱相同未必表示意義相同），若是為了上帝的不同名字而開戰，那就更加無謂。

由於歧義所造成的錯誤推論，可稱之為「歧義謬誤」，例如：「大象是大動物，因此小象是小動物」，相信沒有人認同小象是小動物，這個推論之所以錯，正是由於混淆了「大」、「小」的兩個不同意思，人象的大和小象的小，指的是年紀，大象是成年的象，小象是幼年的象；但大動物和小動物的大小，指的是外型，大動物是指跟一般動物比較，其外型較大，小動物則跟一般動物比較，其外

型較小。

有一種歧義比較特別，是語法使得一句話有多過一個意思，並非字詞的多義所致，這稱為「語法歧義」。例如：「男人沒有了女人就會迷失」，這句話可以有兩個解釋，一個是「沒有男人，女人就會迷失」，另一個是「男人沒有女人，就會迷失」。又例如：「小明在街上遇上小強，他好像很不開心」，「他」這個代名詞既可解釋為小明，也可以是小強。

中國的古文特別多語法歧義，因為古文沒有標點符號，需要斷句才讀得通，但不同的斷句就會產生不同的意思。例如孔子這句話「民可使由之不可使知之」，至少就有兩種斷句方式，一種是「民可使由之，不可使知之」，另一種是「民可使，由之；不可使，知之」，兩者的意思截然不同，前者的解讀顯示孔子專制，後者則表示孔子開明。

雖然現代文字有了標點符號，但仍然存在着語法歧義，例如有賣蘋果的小販說：「買三送一」，究竟是指「三個蘋果中有一個是送的，那就只需付兩個蘋果的價錢」，還是「付錢買了三個蘋果後，額外送一個蘋果」呢？在現代社會中，語法歧義多數會出現在新聞的標題，由於字數所限，標題必須精簡，也就容易導致語法歧義。例如有新聞標題為「大火災十死十失蹤」，乍看之下以為災情很嚴重，但實情是這十位失蹤人士正是那十位死難者，由於身份並未確認，故視為失蹤。

我認為還有一種歧義，那是語音所造成，即是同音字詞，但意思不同。例如「歧義」和「奇異」、「薑絲」和「殭屍」、「白蝕」和「白食」、「質數」和「質素」、「謊言」和「方言」、「脫歐」和「脫鈎」、「樓下」和「留下」、「下樓」和「下流」、「走堂」和「走糖」、「憎你」和「真理」等等。相信語音歧義所造成的誤解也相當普遍，只是我們較少留意。當然，有人會說，如果看到文字的話，那就不會有歧義；但其實相反的情況也會出現，意思是在文字上看是歧義，聽到語音之後歧義就會消失。例如「我住在地下」這句話是有歧義的，因為「地下」有兩個意思，一個是地面的第一層，即英文的 Ground floor，另一個則是地面之下，英文是 Underground；但聽到語音之後就不會有歧義，因為第一個「下」是讀上聲，第二個「下」讀的是入聲。

語辭歧義是歧義的本義，另外兩種歧義，語法歧義和語音歧義是其引申義。

三種歧義

語辭歧義	由於字詞的多義所造成
語法歧義	由於語法令語句有多過一個解釋
語音歧義	由於同音字詞造成多義

語句意義

《伊索寓言》的作者伊索說：「世上最好的東西是語言，但世上最壞的東西也是語言。」這句話看似自相矛盾，其實沒有；因為語言的確有好的一面，也有壞的一面。語言是好的，因為沒有語言的話，我們就不能思考（或者只能極有限度地思考）；不可以用話語來溝通，更沒有知識可言；也不可以作詩，或者創作偉大的文學作品。語言也有壞的一面，因為有人會用語言來狡辯、說謊、欺瞞、欺凌或謾罵，製造傷害，甚至災難。當然，我們不能因為語言有壞的一面就放棄語言，或者禁止使用語言，像某些禪宗信徒般否定語言其實是錯誤的，要將世界變得更美好的一個方法就要善於運用語言。

試回顧過去讀書所學到的東西，是否發現其實很多都忘記了，你還會記得那些數學公式和科學定律嗎？但有兩樣東西我們都會記得，也是最重要的東西，那就是語言和思考，亦正是我們學習其他知識的基礎。語言是意義的載體，所以了解語言的性質和功能，就能夠幫助我們清晰地思考，正確思考的第一步就是學會釐清意義。

在我們的語言裏，有些語句不但沒有真假可言，也沒有任何意義或功能，卻冒充有真假可言，這會引致思考混亂，稱為「偽冒命題」。「這個從高處掉下來的窗一定是很痛了」正是如此，這句話並非為假，是連假的資格也沒有。還有一種會混亂思考的叫做「空廢命題」，那是分析真句冒充為事實命題，分析真句必然為真，但並沒

有信息內容，而事實命題必須有信息內容，分析真句冒充事實命題就會導致思考混亂。例如朋友問你會否出席他的婚禮，你卻回答：「如果我會來，則我會來；如果我不會來，則我不會來。」這正是必然為真的「空廢命題」，「空」是指沒有內容，「廢」則是指多餘。

語句雖然是由概念（或字詞）所組成，例如「人是哺乳動物」這句子就是由「人」、「是」和「哺乳動物」這幾個概念所組成，但一般來說，語句才是表達意義的基本單位。大抵上，按意義可將語句分為兩類，一類有認知意義，即有真假可言的語句，另一類有非認知意義，沒真假可言但有其他意義，例如「你的年紀有多大？」是問句，問句沒所謂真假，卻具有很重要的功能，試想想不准使用問句會有甚麼後果。

語句的意義						
有認知意義			有非認知意義			
分析句	事實句	評價句	問句	表情句	指令句	禮儀句

至於有認知意義的語句，稱為「判斷」或「命題」，命題又分為三種：「分析命題」、「事實命題」和「價值命題」。分析命題的真假單憑了解語句的意思就可判定，例如「阿爸是男人」，這是分析真句，無須驗證就可判定為真，因為分析真句必然為真，但缺乏信息內容；又例如「五角形有四隻角」，這是分析假句，必然為假，因為包含自相矛盾。事實命題的真假基本上由經驗證據去判定，例如「太陽由東面升起」，憑觀察判定為真；又例如「木是導電體」，

通過實驗可證明為假。至於價值命題，例如「墮胎是不道德的」，它不同於事實命題，沒有任何經驗證據可證明其真假，我們必須提出理由來支持或反對價值命題。

要注意的是，命題三分並非一個完全清晰的區分，事實上，有些語句處於分析命題和事實命題的交界，例如「凡事必有因」就可解釋為分析命題或事實命題，假設我們找了很久都找不到一件事的原因，於是你說這件事是沒有原因的話，那麼你就將「凡事必有因」解釋為事實命題；但若你堅持這件事是有原因的，只是尚未找到，那麼你就將「凡事必有因」解釋為分析命題。有些則介乎事實命題和價值命題之間，例如「他很勤力」就可解釋為事實命題或價值命題。命題三分的好處是給予引導，讓我們明白用甚麼方法判定命題的真假。

有時我們會將事實命題和價值命題混淆，將事實看成價值，或價值當成事實，也會導致思考混亂。例如「所有人都是平等的」看似事實命題，其實不是，而是價值命題，它的真正意思是「應該平等地待人」，若誤以為是事實命題的話，就容易引致無謂的爭論，因為事實上人在體能、才能、樣貌、學歷等各方面都不同，即是不平等。又例如「歷史上的偉人大部分是男性」，這原是事實命題，若認為這是性別歧視，那就是混淆了事實和價值。

05 / 迷糊不清

醫生，診斷的結果如何？

我們做了詳細的檢查，你的身體有地方不妥當。

病人

醫生

醫生，那怎麼辦？

你下一次再來，我們做一次更詳細的檢查。

病人

醫生

圖說實用邏輯學

相信現實上不會出現漫畫中這樣的醫生，因為他的診斷實在是太含糊不清，「身體有地方不妥當」可容許的解釋範圍很大，小至傷風，大至癌症，都可以這樣說。說話迷糊不清，通常有三個原因，第一個是用來蒙混過關，另一個是假裝高深，還有一個是思考混亂。迷糊不清的言辭可以統稱為「語意曖昧」，那就是意義不明，曖昧也有着程度之分，輕微的叫做「語意虛浮」，嚴重的則是「語意錯亂」。

含混的語辭會產生語意虛浮的問題，含混跟歧義不同，歧義是指語辭有多過一個以上的意思，而含混則是語辭的應用範圍沒有明確的界線。例如「貧窮」，究竟怎樣才算是「貧窮」呢？似乎沒有明顯的界線，但沒有明確界線並不表示沒有約略的界線，身無分文的人肯定是「貧窮」，擁有十億元財富的人就一定不是「貧窮」。那些屬於比較性的概念都是含混的，例如「高」、「長短」、「肥瘦」、「大小」、「多少」等等。當然，同一個字詞既可以是歧義，也可以是含混，例如「肥佬」，它有兩個意思，一個是「考試不合格」，另一個是「肥胖的男性」，這是歧義；而「肥胖」的應用範圍可以很廣，這是含混。

在日常生活中使用含混的語辭很常見，也不一定有問題，比如說跟朋友閒聊就不用那麼計較。但有時在特定的情景，含混的語辭是不當的，會產生語意不清的問題，例如有一份研究報告說「八成的香港人很少去藝術館」，在這裏，「很少」是含混的，作為一個研究

報告，應該盡量提供準確的信息，這份報告明顯是不合格的。要注意的是，所謂「準確」是視乎脈絡而定，比如說藥劑師用藥分量的準確性，就跟廚師用調味料很不同。

用語意虛浮的字眼來作出批評是最「保險」的，我認識一個讀哲學的人，經常以高級知識分子自居，他最愛批評人說：「這個人有問題！」但卻從來沒有說明是甚麼問題，若問他的話，他又會說：「為存厚道，不作言明。」這樣就既對得起良心又能收到說人壞話的效果，因為任何人多多少少都總會有些問題的。

至於語意錯亂，即是完全沒有意義，不知所云。「語句意義」那一篇所講的偽冒命題正是語意錯亂，例如「這首歌有八呎高及六斤重」，音樂是抽象的東西，並非佔有空間的物質性東西，所以不可能有高度和重量。用描述物質性東西的概念來形容非物質性的抽象性東西，這就是「範疇錯置」。

不過，如果是比喻或修辭手法又當別論，例如杜甫的詩句「感時花濺淚，恨別鳥驚心」。當然，我們不難看出「這首歌有八呎高及六斤重」這句話毫無意義，但若涉及抽象的言論，就不是那麼容易可以辨別出來。尤其是宗教和哲學的言論，例如「聖靈從聖父和聖子出來」及「聖靈從聖父通過聖子出來」這兩句話，前者稱為聖靈雙出論，是天主教的立場，後者叫做聖靈單出論，是東正教的立場，而正是這種意義不明的爭論導致基督教的分裂。但怎樣看出某些話沒有意義呢？判斷方法就是我們根本不知道在甚麼情況下這句話為真，或在甚麼情況下這句話為假。

很多看似高深的哲學言論，其實都不過是胡亂堆砌字辭的產物，就以著名哲學家海德格的說話為例：「人的存在發現它自己面對着它的存在的可能的不可能性虛無。」究竟這句話是甚麼意思？天曉得！雖然每個字都有意思，但合起來就不一定有意思，若由每個字都有意思，推論出整句話必定有意思的話，那就是犯了合稱謬誤。除了哲學和宗教之外，藝術和政治的言論也有不少是意義不明的，例如有藝術評論說：「後現代藝術不是現代藝術之後，而是現代藝術之前，是真正的現代藝術。」奇怪的是，這些近乎語無倫次的說話竟然會大受歡迎，也許人心理上對意義不明的東西有一種崇拜感，就好像有些教徒說：「正由於教義荒誕，我才會相信。」

不同程度的語意曖昧

語意錯亂 ↑ 意義減少 語意虛浮	沒有意義	例如：偽冒命題
	意義太少	例如：含混語辭

偷換概念

偷換概念是一種常見的詭辯，那是由一個意思轉到另一個意思，或在兩個不同意思之間遊走，以達蒙騙的效果。偷換概念主要有兩種手法，一種是利用語辭的歧義，造成模稜兩可，可稱為「概念混淆」；另一種是改變語辭的意思，歪曲辭義，可稱為「概念扭曲」。在以上的對話中，父親就混淆了「問題」的兩個意思，一個是「疑問」，另一個是「麻煩」，將兒子由「愛好發問的兒童」轉變為「製造麻煩的兒童」。

公孫龍的著名詭辯「白馬非馬」，正是偷換概念的好例子。「非」即是「不是」，而「是」有兩個意思，一個是「屬於」，另一個是「等於」，如在「人是哺乳類動物」這句子中，「是」就是「屬於」，而在「孫中山是孫文」這句子中，「是」則是「等於」。公孫龍正是混淆了「是」的兩個不同意思，由原本是「屬於」，轉變為「等於」，於是產生了「白馬非馬」的詭辯，白馬當然不等於馬。

如果歧義涉及具體的事物，我們會容易察覺；但若是抽象的東西，則較難發現，例如「自由」、「平等」、「正義」、「幸福」等等，這也是為甚麼討論這些概念時會常常產生困惑。就以「平等」為例，一個意思是「相等」，另一個意思是「公平」，例如「我們的收入平等」的意思是「我們的收入相等」，而「在法律面前人人平等」的意思則是「在法律面前人人得到公平的對待」。很多時我們都會混淆這兩個意思，例如男性罪犯通常多過女性罪犯，但若認為這就表示法律對男性不公平的話，那就是混淆了「不平等」的兩個不同

意思。事實上，有不少所謂哲學問題都是源於歧義，只要釐清其意義就可消解問題，例如有人問：「當一棵樹在無人的森林倒下時，會有聲音嗎？」如果「聲音」是指有人聽到的才算的話，那就是沒有聲音；但如果「聲音」是指聲波震動的頻率到人可聽的範圍，那就是有聲音。

語辭有歧義不一定是壞事，因為我們也可以利用歧義來寫雙關語、開玩笑等，有些詩句就是充分運用歧義來表達多重的意義，以李商隱的詩句「莊生曉夢迷蝴蝶」為例，究竟「迷」是甚麼意思呢？是迷戀、迷惑或是迷失呢？當然，在認知性的討論場合，我們還是要小心歧義所造成的思考混亂，以及提防有人藉此詭辯。

另一種偷換概念的手法「概念扭曲」，那是通過改變語辭的意思來詭辯，使之不合乎詞義，一般我們講的「斷章取義」和「望文生義」都可歸類為「概念扭曲」。最明顯的例子就是「指鹿為馬」，將「馬」的意思改變，用來指稱「鹿」這種動物。當然，這種赤裸裸的概念扭曲很容易辨別，而赤裸裸的概念扭曲背後往往有極大權力來支撐，尤其是傳統的專制社會，以武力使人屈服，令人敢怒不敢言。但在言論自由的開放社會，這種赤裸裸的概念扭曲就很難行得通，概念扭曲通常是以某種說話的方式來達成，例如我認識一個人，他的女朋友十分習蠻，有一次他約了女朋友晚上七點在某個地點見面，他女朋友先到，而我朋友則準時到達，但被指責為「遲到」，為甚麼？因為遲過她到就是遲到，但這明顯是改變了「遲到」的意思，扭曲了這個概念。

那些好辯但又沒有好好學過邏輯學的人，最容易犯的就是概念扭曲的弊病，因為他們喜歡賣弄小聰明，例如香港有一位「才子」，曾在電台上引述了一則假消息，事後遭人揭發，但他辯說這是「真事」，因為他「真的在網上看到此事」。又例如「凡是可以用來攻擊人的東西都是攻擊性的武器」，根據這個定義，我們每個人都內置了武器，因為我們的牙齒其實很有攻擊性，但這明顯違反了「武器」的意思。

偷換概念的常見手法

概念混淆	利用歧義來制造模稜兩可的效果，由一個意思遊走到另一個意思
概念扭曲	利用某種說話的方式來改變語辭的意思
	赤裸裸地改變語辭的意思，背後需要極大的權力

07

空言廢語

有人會將所有反對的聲音都斥之為廢話，在這裏，「廢話」的意思就變成了「任何聽不進耳朵的話」，但我認為這樣使用「廢話」正是扭曲了它的意思，即是概念扭曲，這種扭曲讓「廢話」可以用來指稱任何話語（只要是你不喜歡聽的就是廢話），讓這個詞失去了特定指涉功能，更令「廢話」一詞變成了真正的廢話。

「廢話」的意思是「內容為真，但多餘的話」，最明顯的廢話就是在〈語句意義〉那一篇所講的「空廢命題」，那是分析真句冒充為事實命題。分析真句必然為真，但沒有信息內容，例如某社會學家調查了香港的王老五 30 年，發現他們都是單身漢，於是宣佈調查結果「所有王老五都是單身漢」，我們真的需要這樣的調查報告嗎？若以空廢命題來回答問題的話，可稱之為「廢答」，正如以上的例子，用「要發生的事總會發生」來回答「為甚麼股市會大跌？」這個問題，「要發生的事總會發生」正是分析真句，在這裏則冒充為事實命題，故明顯是廢話。不知道為甚麼，足球評述員有大量這樣的廢話，例如：「利物浦得到十二碼罰球，入球或者不入球。」又例如：「如果曼聯能夠將二比一的賽果維持到完場，就可取勝。」雖然足球評述充斥着這樣的廢話，但如果我們將聲音刪掉的話，又會發覺趣味大減，看來這些廢話還是有它的娛樂功能。

有些人很喜歡以空廢命題作為論據，例如以「我是我」來支持我行我素的主張，其實這是一種常見的詭辯方式。比如要批評民主制度，就說「民主不能解決所有問題」；要批評語言，就說「語言不

代表現實」；要批評邏輯，就說「邏輯不是一切」。「民主不能解決所有問題」、「語言不代表現實」和「邏輯不是一切」當然是真，但卻是毫無信息的廢話。設想我們買東西時，對方計錯數，他可以用「數學不是一切」來辯解嗎？但現實上，有些人被批評為自相矛盾時，竟然會用「邏輯不是一切」來回應批評，那就跟用「數學不是一切」來回應一樣荒謬。詭辯關乎人格的問題，如果認為自己沒有犯自相矛盾，就要提出理由申辯；如果發現自己真的犯了自相矛盾，就要感謝對方指正；如果不知道甚麼是自相矛盾，就要好好學習思方學。

要注意的是，雖然「空廢命題」是「廢話」，但「廢話」不一定是「空廢命題」，廢話是指真但多餘的話，這個真話可以是事實命題，也可以是價值命題，至於判斷是否多餘，那就要根據語境而定，有時事實命題也可以是廢話，例如「政府忠告市民，股市可升可跌。」相反，有時在特定的語境，即使是空廢命題，也可以有暗示性的內容，例如面臨道德和利益衝突時要作出抉擇，有人會說：「我們應該做應該做的事。」意思就是選擇道德，不是利益。我們可以將廢話分為兩種，一種是絕對空廢，即空廢命題，必然為真，卻毫無信息內容；另一種是相對空廢，有信息內容，但相對於當時的語境，卻是多餘的。

兩種廢話	相對空廢	雖然有信息，但相對於當時的脈絡，卻是多餘的
	絕對空廢	空廢命題，必然為真，但毫無經驗內容，乃最廢的廢話

有一種詭辯的手法跟空廢命題有關，叫做「強定成空」，意思是用強行定義的方式使一句話變成空廢命題，避開了任何反例的攻擊，例如有一次我跟朋友討論中國人與儒家思想的關係，對方說：「中國人一定相信儒家思想。」於是我舉出幾個反對儒家思想的中國人，對方竟然說他們不是真正的中國人，這種說法就等於將「中國人」定義為「必定相信儒家思想的人」，令「中國人一定相信儒家思想」變成了分析真句，但卻是毫無信息內容的廢話。

在思方學上，「言辭空廢」跟「概念滑轉」和「語意曖昧」同屬語害，語害是指有害確當言論的語言弊病。為一清眉目，不妨將三者並列比較，以例子闡釋三者的分別。概念滑轉的問題是意義太多，多義，以致引起混淆；語意曖昧的問題則是意義太少，以致不明所以，兼且適用的範圍很大；至於言辭空廢，意義是明確的，問題是缺乏信息內容。設想有人被批評為「自相矛盾」，以下有三種回應，第一，「超越邏輯」；第二，「邏輯不是一切」；第三，「不合乎邏輯的事也會發生」，三種回應所犯的語害的分別是：語意曖昧、言辭空廢和概念滑轉。

合乎邏輯

圖說實用邏輯學

邏輯是 Logic 的音譯，現在已變成了「合理」的代名詞，但原本邏輯是指一門學科，這個學科是二千多年前由亞里士多德所確立，通常稱為傳統邏輯；直到十九世紀末，現代邏輯才出現。無論是傳統邏輯，還是現代邏輯，都是針對論證的研究，所以我們可以將邏輯定義為「研究『論證』的學問」。論證有兩部分，由前提和結論所組成，前提是用來支持結論，也可以說由前提推出結論，而作為前提或結論的都必須是命題，命題即是有真假可言的語句。

邏輯有狹義和廣義之分，狹義的邏輯是指演繹論證，廣義的邏輯則包含歸納論證。演繹論證的目的是建立必然性的推論，例如：「甲比乙高，乙比丙高；因此甲比丙高。」若前提為真，結論也必然為真。歸納論證的目的是建立概然性高的推論，例如：「大部分香港人是中國人，甲是香港人；因此，（很有可能）甲是中國人。」若前提為真，結論也很有可能為真，但不是必然為真（即有可能為假）。演繹論證雖然有必然性，但沒有增加我們任何知識，因為結論根本就包含在前提之中，推論不過是將隱藏的內容顯示出來；相反，歸納論證雖然沒有必然性，卻能增加我們的知識，因為結論講的東西要比前提多。

真正的「合乎邏輯」有兩個意思，一個是「推論成立」，指的是正確的演繹論證，例如：「如果你有車牌則你年滿十八歲；你有車牌，因此你年滿十八歲。」不合乎邏輯就是指推論不成立，即錯誤的演

繹論證，例如：「如果你有車牌則你年滿十八歲；你沒有車牌，因此你未年滿十八歲。」合乎邏輯的另一個意思是「沒有邏輯矛盾」，那麼不合乎邏輯就是有邏輯矛盾，同時肯定及否定一個命題，亦即是「自相矛盾」，例如：「今天是星期一並且今天不是星期一。」邏輯矛盾具有「Ａ並且非Ａ」這個形式；換言之，「八秒跑完一百公尺」並沒有邏輯矛盾，是邏輯上可能，只是經驗上不可能。

「矛盾」除了用來描述命題的性質之外，也可以形容兩個命題的關係，就是這兩個命題不可能同時為真，也不可能同時為假，其中一個是真，另一個就一定為假，它們的真假值永遠相反。例如「今天是星期二」和「明天不是星期三」，前者為真，後者一定是假，反之亦然。但「所有中大學生是香港人」和「沒有中大學生是香港人」這兩個命題常被人誤認為是矛盾關係，其實它們的真正關係是「對立」，即不可同時為真，卻可同時為假。很明顯，「所有中大學生是香港人」為假，並不表示「沒有中大學生是香港人」一定是真；「所有中大學生是香港人」和「有中大學生不是香港人」這兩個命題才是矛盾關係。

很多人混淆了矛盾和對立，除了引起思考混亂外，也可能產生不必要的衝突。比如說兩人的說法只是對立關係，若誤以為是矛盾關係的話，一旦看到對方的說話錯誤，就會以為自己一定正確，但其實兩人可以同是錯誤。容易混淆矛盾和對立的原因是兩者有共同之處，就是那兩個命題都不可能同時為真，亦即是「不一致」。

四種邏輯關係

不一致 （可再細分為兩種邏輯關係）	兩個或以上的命題不可能同時為真	矛盾	兩個命題不可能同時為真，也不可能同時為假
		對立	兩個命題不可能同時為真，但有可能同時為假
一致	兩個或以上的命題有可能同時為真		
等值	兩個命題在任何可能情況下都有相同的真假值，即同真或同假		

若兩個命題有可能同時為真，則是「一致」的，例如「今天是星期一」和「今天下着大雨」，即使事實上這兩個命題為假，但它們仍然是一致的。最後還有「等值」這種邏輯關係，那是指兩個命題在任何情況下都有相同的真假值，例如「所有人是哺乳類」和「沒有人不是哺乳類」，若前者為真，後者一定是真；前者為假，後者也一定是假。又例如「只有女人是阿媽」和「所有阿媽是女人」、「如果下雨則地面濕」和「如果地面沒濕則是沒下雨」、「沒有人是爬蟲類」和「所有人不是爬蟲類」這三組命題也是等值的。

有人可能以為，若兩個命題是等值的話，就一定是一致的，但這並不正確。例如「阿媽不是女人」和「三角形有四隻角」，這兩個命題在任何情況下都是假的，因為它們都是矛盾句（即分析假句），即是有相同的真假值，故是等值關係；但它們並非一致，因為它們不可能同時為真。

邏輯矛盾

在〈合乎邏輯〉那一篇已經說明「自相矛盾」和「互相矛盾」的分別，自相矛盾即是邏輯矛盾，具有「Ａ並且非Ａ」這個形式；而互相矛盾則是指兩句話既不可能同時為真，又不可能同時為假。兩句「互相矛盾」的語句連在一起固然會產生「邏輯矛盾」，兩句「互相對立」的語句加起來也一樣會產生「邏輯矛盾」。「我的矛能刺穿任何的盾」和「我的盾能擋住任何的矛」這兩句話的關係正是「互相對立」，而非「互相矛盾」，因為它們不可以同真，但可以同假。由「我的矛能刺穿任何的盾」可以推論出「我的矛能刺穿我的盾」，由「我的盾能擋住任何的矛」可以推論出「我的盾能擋住我的矛」；既然「我的盾能擋住我的矛」，那即是「我的矛不能刺穿我的盾」，同時肯定「我的矛能刺穿我的盾」和「我的矛不能刺穿我的盾」，這就是「Ａ並且非Ａ」，即邏輯矛盾。

不過，邏輯矛盾通常都是隱藏的，需要分析才能指認出來，例如有人說：「這種行為沒有犯法，只是非法。」非法的意思不就是犯法嗎？有時表面上具有「Ａ並且非Ａ」這個形式的言論卻不一定有邏輯矛盾，因為兩個Ａ的意思並不相同。例如批評別人時說：「這個人不是人！」這並沒有邏輯矛盾，因為第一個「人」是生物意義上的人，第二個「人」則是道德意義上的人。有邏輯矛盾的說話必然為假，其指涉的事態也絕對不可能發生，試想像今天既是星期一又不是星期一，又或者畫一個圓的三角形，可以嗎？有「邏輯矛盾」的事是絕對不可能發生，就連上帝也畫不出一個圓的三角形。

談到上帝和邏輯矛盾，讓我想起了「石頭論證」，為避免太多主觀的投射，暫且將上帝改為「全能者」，這個論證是要證明「全能」這個概念含有邏輯矛盾。究竟全能者可否造一塊自己舉不起的石頭呢？如果全能者不能夠，即表示有些事全能者是做不到的，不算是全能；如果全能者能夠，即表示有石頭是全能者舉不起的，也不算是全能。不過，有人認為我們可以將「全能」界定為能做任何不含邏輯矛盾的事情；換言之，全能者不能做含有邏輯矛盾的事，例如不能「畫一個圓的三角形」，不能既「舉起任何石頭」又「造一塊自己舉不起的石頭」，後者可稱為「綜合矛盾」。雖然全能者不能既「舉起任何石頭」又「造一塊自己舉不起的石頭」，但全能者卻能夠「舉起任何石頭」或者「造一塊自己舉不起的石頭」（兩個選項間是排斥性的或者，即不能同真）。如果全能者能夠舉起任何石頭，他就不能造一塊自己舉不起的石頭，反之亦然。究竟全能者能夠做到哪一個選項呢？我認為是「舉起任何石頭」，因為這比起「造一塊自己舉不起的石頭」更能展示全能者的能力。

但是，並不是每一種「綜合矛盾」都可以用這個方法來解答，例如「造一支能夠刺穿任何盾的矛」及「造一面不被任何矛刺穿的盾」，因為似乎不能說其中一個選項比另一個更彰顯全能者的能力。假如全能者應我的祈求，造了一支能夠刺穿任何盾的矛，就不能夠再造一面不被任何矛刺穿的盾，反之亦然；那麼，我們可以說全能者只能做其中一個選項，而不能夠肯定究竟做哪一項。

還有，「不含邏輯矛盾的事」可能會有相對性，意思是，有些事對人來說是含有邏輯矛盾，但對於全能者卻沒有邏輯矛盾。例如「我於 2022 年 12 月 11 日下午 3 點正身在香港島」及「我於 2021

年 12 月 11 日下午 3 點正身在九龍」，如果前者為真，後者必然為假，反之亦然（暫不考慮一個心靈佔有兩個身體的可能性）。但若全能者只是一種精神性的存在，比如說上帝，就似乎不受空間的限制，可以同時存在於兩個不同的空間。換言之，全能者有可能做到一些對我們來說是邏輯矛盾的事。

邏輯可能是最大的可能性；邏輯不可能的事，就連上帝也做不到。邏輯不可能就一定是物理上不可能，而物理上不可能就一定是技術上不可能。技術上可能就一定是物理上可能，而物理上可能就一定是邏輯上可能。由此可見，可以有邏輯上可能，但物理上不可能的事，例如「造一艘快過光速的太空船」；也可以有物理上可能，但技術上不可能的事，例如「造一艘載人到另一個星系的太空船」。

三種可能性

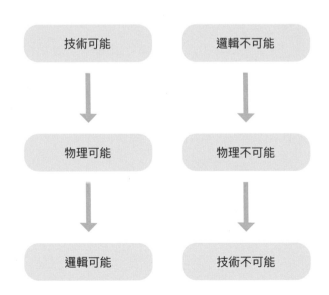

之前我們說過，狹義的邏輯是指演繹論證，目的是建立具必然性的推論，成功的演繹論證稱為「對確」，失敗的叫做「不對確」。論證是否對確主要取決於論證形式（有時取決於前提和結論的意思），如果論證形式是對確的話，任何具有這個形式的論證都是對確的；同理，若是不對確，任何具有這個形式的論證也是不對確的。

常用的論證形式大抵可以分為兩種，一種屬於定言邏輯，例如：「所有人是哺乳動物，所有哺乳動物會死；因此，所有人會死。」我們可以將 A 代入「人」、B 代入「哺乳動物」、C 代入「會死的東西」，得出來的論證形式就是「所有 A 是 B，所有 B 是 C；因此，所有 A 是 C」，這個論證形式是對確的；換言之，代入任何內容，只要前提是真的話，結論也一定為真。另一種屬於命題邏輯，例如：「如果下雨則地面濕，下雨；因此，地面濕。」以 A 代入「下雨」，B 代入「地面濕」，得出來的論證形式就是「如果 A 則 B，A；因此，B」，這形式也是對確的，稱為「正斷律」，具有此形式的論證都是對確的。在命題邏輯中，另一個常見的對確形式叫做「逆斷律」，其論證形式為「如果 A 則 B，非 B；因此，非 A」。

我們並非先學過邏輯才懂得使用這些論證形式，好像語言一樣，在日常生活中自然就學會了，只是不自覺而已。舉個例，小時候常常聽到一些老太太說：「人有良心就狗不吃屎！」我們都明白，其實老太太真正想講的是「人沒有良心」，為甚麼可以得出這個結論呢？整個論證是這樣的：「如果人有良心則狗不吃屎，狗吃屎；因

此，人沒有良心。」老太太的話中隱藏着第二個前提「狗吃屎」，而因為這是老太太心目中的常識，沒有必要說出來。這裏以 A 代入「人有良心」，B 代入「狗不吃屎」，「人沒有良心」就是非 A，「狗吃屎」則是非 B，得出來的就是以上「逆斷律」的論證形式。要注意的是，在定言邏輯中，那些英文字母 A、B、C 代表的是字詞，而在命題邏輯中，它們代表的並不是字詞，而是命題，即有真假可言的語句。

至於那些不對確的論證形式，可統稱為「形式謬誤」，例如在定言邏輯中，「有 A 是 B，有 B 是 C；因此，有 A 是 C」就是不對確的。在命題邏輯中，常見的形式謬誤有三個，第一個是「肯定後項的謬誤」，其論證形式為「如果 A 則 B，B；因此，A」；第二個是「否定前項的謬誤」，其論證形式為「如果 A 則 B，非 A；因此，非 B」；第三個是「假值傳遞的謬誤」，其論證形式為「如果 A 則 B；因此，如果非 A 則非 B」。

那麼，我們怎樣知道這些論證形式是否「對確」呢？若是定言邏輯，我們可以用范氏圖解法來判定；至於命題邏輯，可以用真值表法。除了判定論證是否對確之外，真值表法還可以判定命題的性質，如矛盾句（即有邏輯矛盾，也稱為分析假句，必然為假）、恒真句（也稱為分析真句，必然為真）或偶真句（有可能為真，有可能為假）；也可以判定兩個命題的關係，如矛盾、等值、一致或不一致。還有一個方法可以判明論證形式不對確，就是代入具體內容，使得前提真而結論假，由於對確論證的定義是「若前提為真，結論必然為真」，假使出現前提真而結論假的情況，就可判定為不對確。

常見的論證形式

	對確	不對確
定言邏輯	所有 A 是 B 所有 B 是 C ——— 所有 A 是 C	有 A 是 B 有 B 是 C ——— 有 A 是 C
	所有 A 是 B 沒有 B 是 C ——— 沒有 A 是 C	所有 A 是 B 所有 C 是 B ——— 所有 A 是 C
	所有 B 是 A 有 B 是 C ——— 有 A 是 C	所有 A 是 B 有 B 是 C ——— 有 A 是 C
命題邏輯	如果 A 則 B A ——— 因此，B	如果 A 則 B B ——— 因此，A
	如果 A 則 B 非 B ——— 因此，非 A	如果 A 則 B 非 A ——— 因此，非 B
	A 或者 B 非 A ——— 因此，B	如果 A 則 D ——— 因此， 如果非 A 則非 B

文首提到，有時論證形式是否對確，取決於前提和結論的意思，並沒有相應的論證形式，例如：「小明是你哥哥；因此，小明是男性。」其實語意才是基本（哥哥是男性專用的代名詞）。

有時論證形式也要辨明語意後才能判定是否對確，例如「Ａ或者Ｂ，Ａ；因此非Ｂ」這個論證形式，既可解釋為對確，亦可解釋為不對確，因為「或者」這個詞是有歧義的，存在兩個意思：一個是非排斥性的或者，即Ａ和Ｂ可同時為真，這樣論證就是不對確的；另一個是排斥性的或者，Ａ和Ｂ不能同真，這樣論證就是對確的。

如果沒有特別說明的話，在命題邏輯這個系統中，我們所用的都是非排斥性的或者。

由「信上帝上天堂」是推論不出「不信上帝不上天堂」，因為「如果 A 則 B；因此，如果非 A 則非 B」這個論證形式是不對確的（A 是「信上帝」，B 是「上天堂」）。

「充分條件」和「必要條件」是兩個很重要的邏輯概念，可以幫助我們分析事物之間的關係，包括定義和因果。甚麼是充分條件呢？若 A 出現，B 也出現，A 就是 B 的充分條件，例如有「下雨」，便會「地面濕」，「下雨」就是「地面濕」的充分條件；但沒有「下雨」，不表示一定沒有「地面濕」，「下雨」並不是「地面濕」的必要條件，比如發生「爆水管」，也會使「地面濕」。甚麼是必要條件呢？若 A 不出現，B 也不出現，A 就是 B 的必要條件，例如沒有「氧氣」，就不會有「燃燒」，「氧氣」正是「燃燒」的必要條件；但單是有「氧氣」，並不會有「燃燒」，「氧氣」不是「燃燒」的充分條件。

據說早於二千五百多年前，墨家就已經了解甚麼是「充要條件」。墨家區分了「小故」和「大故」，小故是「有之不必然，無之必不然」，即是必要條件；大故是「有之必然，無之必不然」，即充分和必要條件。但嚴格來說，墨家其實並未真正區分出「充分條件」和「必要條件」。

充分和必要條件可以用來分析事物的關係，包括邏輯、規約和因果等關係。先說邏輯關係，若 A 是 B 的充分條件，即表示 A 涵蘊着 B，即由 A 可以推論出 B，例如：「如果甲是母親，則甲是女性。」若甲是母親的話，甲就一定是女性，由「甲是母親」可以推論出「甲

是女性」，「甲是母親」是「甲是女性」的充分條件。若 A 是 B 的充分條件，B 就是 A 的必要條件；換言之，「甲是女性」亦即是「甲是母親」的必要條件，若甲不是女性的話，甲就不會是母親。這種邏輯關係也可以用於定義，例如我們可以將「王老五」定義為「過了適婚年齡的未婚男性」，如果你只有十歲，你就不會是王老五，「過了適婚年齡」是成為「王老五」的必要條件；如果你已婚，也沒有資格叫做「王老五」，「未婚」是另一個必要條件；如果你是女性，你也不可能是「王老五」，「男性」也是一個必要條件。這三個條件加起來就是「王老五」的充分條件；換言之，若你滿足這三個必要條件，你就一定是王老五。

第二種是規約關係，它反映的是人事規律，亦即是我們定下來讓人遵守的規則或規範，例如：「購了戲票就可進場看電影。」只要購了戲票就能夠進場看電影，「購了戲票」就是「進場看電影」的充分條件。又例如：「DSE 中文科合格才可入讀大學。」若 DSE 中文科不合格的話，就不能入讀大學，「DSE 中文科合格」是「入讀大學」的必要條件。要注意的是，「人事規律」其實有兩個意思，一個是規範意義，即如以上兩個例子；另一個是事實意義，即以下要講的因果關係。

第三種是因果關係，當我們說 A 是 B 的原因時，A 可以是 B 的「充分條件」，也可以是「必要條件」，亦可以是「充分和必要條件」。例如：「地面濕是因為下雨。」在這裏，「下雨」是「地面濕」的充分條件；又例如：「他之所以成功是因為努力不懈。」在這裏，「努力不懈」是「他成功」的必要條件。前者是自然現象的因果關

係，後者是人事現象的因果關係。「因果」其實是一個用途繁多的複雜概念，不同文化也有相異的因果觀念，例如亞里士多德「四因說」就跟現代科學講的「原因」很不同，傳統中國文化也有其「五行論」的因果觀，佛教「十二因緣」的三世因果也很特別。當消防員要調查火災的原因時，他們要尋找的不是充分條件或充要條件，也不是任何一個必要條件，比如說「氧氣」，而是某個特定的必要條件，例如：「這場火災的起因是有人拋煙蒂。」目的要找出有沒有人需要為火災負上責任。有時「因果」也可以用於上一段講的「規約關係」，例如：「他考不上大學的原因是 DSE 中文科不合格。」

充要條件的三種用法

邏輯關係	A 涵蘊 B	A 是 B 的充分條件
	用於定義： X = a + b + c	a, b, c 分別是 X 的必要條件，加起來就是 X 的充分條件
規約關係	只要 A 就有 B	A 是 B 的充分條件
	只有 A 才有 B	A 是 B 的必要條件
因果關係	A 是 B 的原因	A 是 B 的必要條件
		A 是 B 的充分條件
		A 是 B 的充要條件

邏輯悖論

可能你已聽過著名的「理髮師悖論」，據說奧地利有一位熱心助人的理髮師，他只會幫那些不幫自己剪髮的人剪髮，如果你不幫自己剪髮，他就會幫你剪髮；但問題是，究竟這位理髮師會否幫自己剪髮呢？如果他幫自己剪髮的話，根據他的承諾，他就不應幫自己剪髮；但如果他不幫自己剪髮，他就要幫自己剪髮，因為他要幫那些不幫自己剪髮的人剪髮。換言之，他永遠處於幫自己剪髮和不幫自己剪髮這個循環之中，沒有出路。當然，如果理髮師所指的對象不包括自己的話，那就沒有這個悖理的循環。

「理髮師悖論」是二十世紀初哲學家羅素用來說明「集合論悖論」，羅素原本想將數學還原到邏輯，但發覺作為數學基礎的集合論出現了悖論。根據集合論，同一性質的事物屬於同一個集，例如白天鵝屬於「白色東西」這個集，白天鵝就是這個集的元素；而一個集也可以是某個集的元素，甚至是這個集本身的元素。假設有這樣一個集 X，它的元素就是那些不屬於自己的集，問題是，X 這個集是不是自己的元素呢？如果不是的話，它就變成屬於 X 這個集的元素；但若是如此，它又變成不屬於 X 這個集的元素，這樣就永遠在「屬於 X 這個集的元素」和「不屬於 X 這個集的元素」之間循環不息。

這種悖理的循環早於古希臘就被人發現，稱為「說謊者悖論」，也可以說是悖論的始祖。話說克里特島的人都是說謊者，而一個來自克里特島的人說：「我說的這句話是假的。」既然是說謊者，這句話自然是假的；但若是假的話，它又變成是真；但若是真的話，又變成是假，永遠在真假之間循環。這種真假循環跟邏輯矛盾不同，邏輯矛盾明顯是謬誤，並且必然為假；但悖論卻是合理與不合理並

存，也可以說是對我們理性的挑戰。我們可以嘗試這樣界定悖論：悖論是一種推論，在推論的過程中，每一步都是合乎邏輯的，前提也沒有問題，但結論卻是理性所不能接受。

以上的悖論有一個性質，就是「自我指涉」，但我們不可以說自我指涉本身就有問題，例如：「本句子有七個字。」這句話也是自我指涉，但並不是悖論。悖論還有別的種類，例如在現代邏輯中有一個很有趣的悖論，稱為「烏鴉悖論」，這個悖論也是由一些沒有爭議的前提出發，最後到達一個理性所不能接受的結論。首先，我們有「所有烏鴉是黑色的東西」這個命題，其形式為「所有 A 是 B」，「所有 A 是 B」跟「所有非 B 是非 A」是等值的；換言之，「所有烏鴉是黑色的東西」跟「所有非黑色的東西是非烏鴉」是等值的。如果我找到一隻黑色的烏鴉，就能印證「所有烏鴉是黑色的東西」這個命題為真，愈多黑色的烏鴉，就愈能印證這個命題為真；同理，如果我找到一隻白色的布鞋，就能印證「所有非黑色的東西是非烏鴉」這個命題為真。既然「所有烏鴉是黑色的東西」跟「所有非黑色的東西是非烏鴉」是等值，那麼，一隻白色的布鞋也能印證「所有烏鴉是黑色的東西」這個命題為真，但理性上我們卻不接受這個結論。

悖論也可以是詭辯，例如「烏龜悖論」就是了。烏龜悖論是由古希臘哲學家芝諾提出，有一次烏龜要跟神行太保阿基里斯賽跑，阿基里斯讓烏龜先跑一百公尺，芝諾認為阿基里斯永遠都追不到烏龜，因為當阿基里斯跑到一百公尺時，無論烏龜跑得怎麼慢，牠總會前進了一段距離；但當阿基里斯再追到這段距離時，烏龜又會向前移

動了一段距離，如此類推。雖然每一次阿基里斯都會追得更接近烏龜，但烏龜總是領先；因此阿基里斯永遠追不上烏龜。如果真的來一次阿基里斯和烏龜的比試，阿基里斯當然可以追過烏龜，芝諾不過是玩了時間無限分割的把戲，他混淆了「分割」的兩個意思，一個是數學上的無限分割，另一個是經驗上的有限分割，這正是概念混淆。

悖論被破解之後就不再是悖論，成為了謬誤。難怪邏輯學者那麼熱衷於破解悖論，因為悖論是對邏輯的挑戰，破解悖論則代表理性的勝利；不過，我倒相信有貨真價實的悖論，即終極而言有着非理性的存在。

悖論、詭辯與謬誤

悖論	前提和推論都沒有問題，但結論卻不能接受。
詭辯	用似是而非的手法蒙混過關，多是騙人的推論。
謬誤	錯誤的思維方式，大部分是錯誤的推論。

如果說悖論是西方哲學的產物，那麼，詭辭就可以稱得上是中國哲學的特色。西方哲學重視邏輯，因此發現了悖論；中國哲學強調境界，所以創造了詭辭。表面上看，詭辭是自相矛盾或自我推翻，實則是用來啟發智慧或表達人生境界的體會，《金剛經》就有很多這樣的句子，例如第十三品就有三個，「佛說般若波羅密，即非般若波羅密，是名般若波羅密。」「諸微塵，如來說非微塵，是名微塵。」「如來說世界，非世界，是名世界。」詭辭具有「Ａ，非Ａ，是名Ａ」這個形式，就以「佛說般若波羅密，即非般若波羅密，是名般若波羅密」這段話為例，可以這樣解釋：般若波羅密即是智慧，佛說的智慧並不是一個甚麼特殊的智慧可以求，其他的思想和學問，甚至世間的一切事情，都可以令你悟道，所以不要執着於某種形式或方法。

但問題是，如果可以這樣解釋的話，為甚麼不這樣說，而偏要用這種看似自相矛盾的表達方式呢？也許因為這種表達方式能夠吸引人的注意。正如《道德經》第一句：「道可道，非常道。」道可以真正說出來的就不是真正的道，但「道不可說」不正是在說這個道嗎？難道這不就是自我推翻？

或者我們可以這樣解釋，道乃萬物的根源，跟一般事物是十分之不同的，不可以充分用語言來描述。不過，如果是這樣說的話，就沒有「道可道，非常道」這種氣勢和吸引力了，看來「詭辭」不過是一種修辭技巧，最初用的時候或許會很有效，但經歷了二千多年，就變成濫調了；現在仍有不少人用這種說話方式來「扮嘢」。

不過，有人認為只有「A，非 A，是名 A」這種句式才可表達出佛法真理，就以《金剛經》中「諸相具足，即非具足，是名諸相具足」為例，所謂「諸相具足」，是顯示圓滿的相狀，但其實沒有東西是永恒存在的，這不過是為方便渡化眾生，假借之名而已。

「A，非 A，是名 A」也可以用來顯示「有、空、非空非有」三種境界，即是佛教講的三諦，A 是有，但此有無自性，是假有，為假諦；非 A 是 A 的否定，是空，是為空諦；是名 A，為渡化眾生，暫且給個名稱，不執着於空有兩邊，非空非有，是為中諦。「A，非 A，是名 A」也可以顯示悟道者的境界，例如「莊嚴佛土者，即非莊嚴，是名莊嚴」，一般人認為佛土是莊嚴，對應「莊嚴佛土」，這是從常人的角度看，也可以說是初發心者的認知，未到自覺的境界；體悟到空理的修行者就會明白，所謂莊嚴佛土並非永恒，那是自覺者，對應「非莊嚴佛土」；更高的修行者如菩薩為了引領眾生，所謂自覺覺他，莊嚴佛土為方便之說，對應「是名莊嚴」。

詭辭 VS 覺悟境界

句式	詭辭	覺悟境界
A	有	發心者的認知
非 A	空	自覺者的體悟
是名 A	非空非有	菩薩的自覺覺他

有人認為詭辭反映的是所謂「辯證思維」，因為事物是發展的，我們對事物的認識也同樣不斷變化，比如說：「見山是山，見山不是山，見山還是山。」經歷所謂「正、反、合」，「見山是山」是「正」，是認識的第一步，「見山不是山」是對「見山是山」的「反」，我們對有關事物的認識改變了，最後回到「見山還是山」，這是包含了「反」的「合」，但並不是回到原初的認識，而是比原初的認識深化了很多，正如《金剛經》的辯證三段式「Ａ，非Ａ，是名Ａ」。

也可以說，詭辭是一種「非理性」的表達方式，嘗試突破我們的日常思維，以收某種覺悟的效果，情況有點像禪宗的棒喝或禪機對答，斷絕我們的邏輯理性思維，在剎那間有所頓悟；不過，我倒懷疑這種效果，甚至會帶來反效果，令人的思考更加混亂。

辯證思考

在西方的哲學傳統，辯證法（Dialectics）有兩個意思，一個是來自古希臘的蘇格拉底，即西方哲學的奠基者，另一個是十九世紀西方傳統哲學的集大成者黑格爾；前者是一種討論的方式，後者則是解釋事物發展的規律。

在柏拉圖的《對話錄》中，辯證法是一種對話方式，目的是尋找真理，通常蘇格拉底的對手提出某種主張，這是正；然後蘇格拉底質疑這主張，這是反；最後達致一個妥當的答案，這是合。也可以說，辯證法是經由對話，結合正反雙方的觀點，得到一個較合理的說法，而這種對話也可以不停地繼續下去，直到最後得到所謂真理。讓我舉例來說明這種辯證法的運用，首先甲提出「藝術是美的事物」這個主張，然後乙反駁說「自然風景也是美，但不是藝術」，於是甲修正原來的主張，變成「藝術是美的人造物」，比原先的說法妥當，但其實仍有反例，這個對話的過程可以繼續下去。要注意的是，在對話的過程中，蘇格拉底很重視釐清字詞的意義，以求為重要的概念如「正義」、「知識」、「美」等尋找普遍的定義，可以說是語理分析的前身。

第二種辯證法雖然源自黑格爾，但真正將它「發揚光大」的則是馬克思和恩格斯，特別是恩格斯，他對辯證法有全面的論述，辯證法可以用來解釋宇宙萬物，包括外在的客觀世界，以及內在主觀的心靈現象。辯證法有三條規律：1. 對立的統一規律；2. 量變到質變的規律；3. 否定的否定規律。其實這三條規律是互相滲透的，也可以說是同一條規律的不同表述方式，就好像邏輯的思考三律一樣。在恩格斯的理論中，這三條規律是平排的，無分次序；不過，

後來列寧將「對立的統一規律」視為辯證法的核心，毛澤東更索性廢除第三條定律，將第二條放在第一條之下，於是「對立的統一」具有至高無上的地位，毛更著有《矛盾論》一書，就是討論如何運用這條規律。

根據對立統一的規律，矛盾無處不在，任何事物都有矛盾，矛盾也可以是正反兩面，推動着事物的發展。舉個例，在馬克思的歷史唯物論中，生產方式包含了生產力和生產關係，而生產力和生產關係會出現矛盾，導致社會的發展。事物如何發展呢？那就是由量變到質變，即是第二條定律，當生產力不斷提高，就會跟原有的生產關係產生矛盾，最後導致革命，由一個生產方式發展成另一個生產方式。至於否定的否定，是指任何事物都會被否定，走向它的反面，產生新的事物。新事物包含着舊事物的因素，事物就是由簡單到複雜、低級到高級的發展，由此可見，辯證法背後有着進步發展的觀點。

辯證法用來解釋事物發展的規律，經歷所謂「正、反、合」的過程。

辯證法的三大規律

對立統一規律	任何事物都有矛盾存在
量變到質變規律	量和質也是一種矛盾關係
否定的否定規律	事物會向其反面發展

中國的辯證思維跟西方有點不同，西方強調的是不斷向上發展，得到所謂真理；但中國式的，尤其是老子，較接近循環式的辯證，不大強調進步的一面。我認為，黑格爾的辯證法是一種從整體解釋事物的形上的觀點（但這種觀點是否有洞見又是另一回事），跟老子的「道」相若。老子的「道」可用「反」來概括，「反」有兩個意思，一個是相反相成，事物以其反面為存在的條件，例如沒有黑，就不會有白；沒有善，就不會有惡；沒有貧，就不會有富，這正是事物矛盾對立的一面。另一個意思是事物會向反面轉化，例如生變死、美變醜，這跟否定的否定有關。辯證規律不同於科學的定律，沒法被經驗證據所否證，試想想「物極必反」是甚麼意思。本來作為一種形上的觀點，辯證法只是觀照世界的一種方式，但問題是它經常被人濫用，當作有事實陳述功能的科學定律，這是混淆了科學和哲學的功能。

辯證法之所以容易被人濫用的原因之一，就是所謂「矛盾」的意思並不清楚。首先，這並不是邏輯所講的矛盾，邏輯上兩個互相矛盾的命題是既不能同時為真，亦不能同時為假，例如：「今天是星期一」和「今天不是星期一」；但辯證法所講的「矛盾」則廣泛得多，凡是對立、相反、衝突，甚至差異都可以叫做矛盾，甚麼才是真正的矛盾就經常有爭議，特別是在政治上。例如當年劉少奇說社會主義社會的主要矛盾是生產力與生產關係，但毛澤東卻認為是無產階級和資產階級的鬥爭，其實兩者的說法也正是矛盾所在，經過一連串的路線鬥爭，最後也只有以權力來決定誰是正確。

莊子這句話「辯無勝；辯也者，有不見也」十分精彩。世間根本沒有客觀標準判斷爭辯雙方的對錯，正如儒墨之爭，爭論了三百年，都沒有定論，只是各自困於自己的成見。

莊子 FANS

莊子錯了，墨家講的「謂辯無勝必不當，說在辯」才是道理。說即是理據，辯論是要講理據，那就可憑理據優劣判定勝負。

墨家信徒

「真理愈辯愈明」這句話若要成立，必須符合兩個條件，一個是概念清晰，另一個是推論正確。不過，有些人討論時永遠沒有論證，只有論點，從批判思考的角度看，重要的是論據（前提）能否支持論點（結論），沒有論據的話，我們就無法比較雙方的說法，找出何者更為合理。欠缺論證主要有幾個原因，第一是拙於思考，沒有想過需要提出理由；第二是懶於思考，只滿足於已有的信念；第三是缺乏客觀求真的理性精神，封閉頑固；第四是只講立場，不問是非；第五是習慣於橫行霸道，凡自己說的就是真理；最後一個是理虧，根本沒有理由可以提出來。簡言之，欠缺論證的原因不是心殘，就是腦殘，或心腦俱殘。

哲學上，主張「不存在客觀真理」涉及兩種不同的立場，一種是對論辯持否定的態度，但另一種則十分重視論辯。莊子正是前者的代表人物，他主張「薄辯義、泯是非」，其實莊子是要擺脫爭辯和是非對心靈的束縛，主張一種超越道德、是非和利害的境界。至於後者就是一般的詭辯者，論辯只是一種謀取私利和名聲的工具，例如古希臘的詭辯學派及中國春秋時代的名家。這種無視於客觀真理的思想一直都存在，在今天經過學術的包裝，變成了後現代主義，苟存於學院之中。

戰國時代，辯論之風盛行，但真正對辯論本身作出合理反省的就只有墨家。墨家認為「辯」是「爭彼也，辯勝，當也」，意思是爭辯雙方對某一論題有不同的看法時，合乎事實者勝；又謂「辯也者，或謂之是，或謂之非，當者勝也」，意思是一個主張「是」，另一個主張「非」，但只有一個合乎事實，換言之，是非對錯是存在的，

圖說實用邏輯學

所以真正的辯論必有勝負可言，所謂「謂辯無勝必不當，說在辯」，「說」就是理據，辯就是要提出理據。如果論辯雙方所討論的對象根本不同，那就不是真正的辯論，例如性善論和性惡論，表面上看兩者是對立的，但其實兩者所講的「性」，意思根本不同，所以並不是真正的對立，這正是歧義所造成的思考混亂。

墨家認為辯論有很重要功能和目的，包括「明是非」、「審治亂」、「明同異」、「察名實」、「處利害」和「決嫌疑」。「明是非」、「明同異」和「察名實」是辯的基本功能，即找出真相，分清是非對錯，釐清概念；而「審治亂」、「處利害」和「決嫌疑」就是由此引申出來的實際效益。當然，不是所有問題經過辯論就可解決，例如「仁愛」和「兼愛」之爭，但通過辯論可以將意思弄清楚，知道兩者的真正差別在哪裏，明白問題的癥結，留待進一步的討論。假設現在有十個爭議，經過理性的討論，我們解決了其中五個，雖然還有五個未能解決，但至少我們可以知道大家的分歧所在，可能是定義不同，或是對事實的判斷不同，也可能是價值觀的差異。

跟墨家相反，莊子主張「辯無勝」，他認為沒有客觀標準判斷爭辯雙方的對錯，即使有第三者作裁判，仍可以質疑其判準的客觀性，所謂「辯也者，有不見也」，例如儒墨之爭，爭論了三百年，都沒有定論，各自困於自己的成見。莊子認為是非會束縛人的心靈，造成困擾和執着，所以又主張「薄辯議」，否定辯論的價值和意義。我同意應該放下對「是非」的執着，但並不表示完全沒有是非之分，辯論也非毫無意義，莊學的弊端就是容易流於相對主義。從思方學的角度看，莊子很多說法都有問題，所謂「辯無勝」根本是自我推

翻的;不過,莊子的文章實在太優美,令人不忍心批評。學寫文章最好就是讀《莊子》和《孟子》,但最好先學懂邏輯,否則就會被它們的優美文字所誤導。

春秋戰國各家對辯論的看法

儒家	維護其道德和政治的主張
道家	否定辯論的價值
墨家	主要目的是獲取真理
法家	反對辯論,要統一思想
名家	為辯而辯,顯示個人的才智
縱橫家	說服君主,謀取個人的利益

16 / 辨認論證

論證有很多種，有類比論證、比喻論證、舉例論證、對比論證、演繹論證、歸納論證……

中文老師

其實論證只有兩種，演繹和歸納。類比論證屬於歸納，比喻、舉例和對比都不是論證。

邏輯家

很明顯，漫畫裏的中文老師混淆了修辭和論證，現在我每年都要花不少時間糾正學生對「論證」的錯誤理解。

論證的英文是 Argument，由於 Argument 的另一個意思是爭吵，可能會令人誤解；事實上，論證不是謾罵、吵架或一味堅持自己的主張，而是一個理性的推論過程。雖然我們每天都要做很多推論，但未必會察覺得到，因為前提和結論並沒有清楚顯示出來，無論是說話或寫文章，論證往往是隱藏的，我們需要把它找出來，怎樣做呢？有兩個步驟，第一步是先看看有沒有論證指示詞，它們可以顯示出論證的存在，指示詞有兩種，一種是前提指示詞，如「由於」、「因為」、「根據」等等，可以指出前提所在，例如：「死刑必須廢除，因為殺人犯也有生存的權利。」憑着「因為」這個指示詞，我們就可知道「殺人犯也有生存的權利」是前提，用來支持「死刑必須廢除」這個結論。另一種是結論指示詞，如「因此」、「所以」、「故」等等，可以指出結論所在，例如：「我們的生命屬於上帝，因此不可以自殺。」根據「因此」這個指示詞，我們可以知道「不可以自殺」是結論，而「我們的生命屬於上帝」則是支持的理由。要注意的是，沒有論證指示詞並不表示沒有論證。

第二步就是檢查命題之間有沒有推論關係，看看有沒有命題可以支持另一些命題，例如：「安樂死是好的，可以減少病人的痛苦。」雖然這段話沒有論證指示詞，但我們發現「可以減少病人的痛苦」能夠支持「安樂死是好的」；換言之，「可以減少病人的痛苦」是前提，「安樂死是好的」是結論。

找出論證之後，下一步就是分辨是何種論證，是演繹論證還是歸納論證。

演繹論證是必然性的推論，通常涉及論證形式，但有時也取決於推論者的動機，所以或許會出現判定的問題，不過一般情況都可以判定是否演繹推論。正如〈論證形式〉那一篇所講，演繹論證分為兩種，一種是定言邏輯，另一種是命題邏輯，兩者主要分別是論證形式中的符號代表着不同東西，例如：「所有 A 是 B，所有 B 是 C；因此，所有 A 是 C。」這是定言邏輯的論證，A、B 和 C 所代表的是字詞；而「如果 A 則 B，A；因此，B。」則是命題邏輯的論證，A 和 B 所代表的是命題，即有真假可言的語句。

至於歸納論證，是概然性的推論，若前提為真，結論只是很有可能是真，但是通常我們都會省略「很有可能」這個說法，或者有時會引起誤會，令人以為是演繹論證，例如：「今晚我們去 XX 酒家吃飯，因為我之前光顧了這酒家好幾次，食物都很有水準。」即使今次的食物不好味，也不表示這個推論錯誤，因為歸納論證只有概然性，並沒有必然性。歸納推論有很多種，主要分為概推論證、因果論證、類比論證、假設演繹法和最佳解釋推論五種。

論證的結構可以很複雜，因為：第一，論證的前提數目並沒有上限；第二，前提和結論有着不同的組合方式，若能將論證的結構顯示出來，有助於我們分析和評價論證。我們可以用圖像來顯示論證，有幾個步驟：第一，用數字標示命題；第二，找出命題之間的推論關

係；第三，用箭頭連接數字，表示推論關係。例如：「1. 死刑不可以合法；2. 由於人有生存權利；3. 死刑違反人的生存權利，為甚麼人有生存權利？4. 因為上帝為了讓人履行義務，賦予人有生存權利；5. 另一個反對死刑的理由是沒有阻嚇力。」

第一步先用數字標示了命題，「為甚麼人有生存權利？」是問題，不是命題，所以毋須標示；下一步是找出命題之間的推論關係，「由於」是前提指示詞，2 和 3 要結合起來才可以支持 1，「因為」也是前提指示詞，4 是用來支持 2，「反對死刑的理由」顯示出 5 也是支持 1，要注意的是，5 是能夠獨立地支持 1，不需要跟 2 和 3 聯合在一起，其論證結構圖如下：

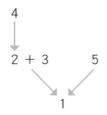

從上圖可見，2 是中途結論，1 是最後結論，此圖有三個箭頭，即表示包含三個論證；換言之，這個複合論證就是由這三個簡單論證所組成。評價的時候，我們需要每個論證逐一進行，而圖解論證就有助我們做評價的工作。

論證結構的基本模式

一個前提支持一個結論		1 ↓ 2
多過一個前提	獨立地支持結論	1 ↘ 2 ↙ 3
	結合在一起才能支持結論	1 + 2 ↓ 3
中途結論		1 ↓ 2 + 3 ↓ 4
多過一個結論		1 ↙ ↘ 2 3

漫畫裏那位學生的回應正反映出一般人對「對確論證」的誤解，以為前提假，推論就一定不成立，或是結論一定是假；這是混淆了論證的強度跟前提的真假。

評價論證有兩個標準，也可以說有兩個步驟，第一步是判定論證的強度，即前提對結論的支持程度；第二步是判定前提的真假。這兩個步驟是互相獨立的，論證的強度跟前提的真假無關；換言之，一個強的論證可以有假的前提，一個弱的論證也可以有真的前提。先判定論證的強度有一個好處，就是如果我們發現前提對結論毫無支持，或支持程度很低的話，那就可判定論證不成立，不用理會前提的真假，省卻不少時間。

由於論證分為演繹和歸納兩種，所以評價論證的強度也有不同的標準。對演繹論證來說，若符合其目的，即如果前提真，則結論必然為真，這就是正確的演繹論證，稱為「對確」，例如：「甲是乙的朋友；因此，乙是甲的朋友。」若做不到的話，那就是錯誤的演繹論證，稱為「不對確」，例如：「甲是乙的朋友，乙是丙的朋友；因此，甲是丙的朋友。」對歸納論證來說，若符合其目的，即如果前提真，則結論很有可能為真，這就是「強」的歸納論證，例如：「大部分香港人是中國人，甲是香港人；因此，（很有可能）甲是中國人。」若做不到的話，那就是「弱」的歸納論證，例如：「我上次在街上拾到一千元，因此以後走路都要注視地下，（很可能）也會拾到一千元。」要注意的是，對確和不對確是截然二分的，但強和弱則有程度之分。

在〈論證形式〉那一篇提到，論證是否對確主要取決於論證形式，要判定論證形式是否對確，對於定言邏輯，我們可以用范氏圖解法來判定，至於命題邏輯，可以用真值表法，但這些都是技術性高的方法，不宜在這裏詳細解說。之前也提到一個簡單的方法來證明論證形式不對確，就是代入一些具體內容，如果可以做成前提真而結論假的話，那就能證明論證形式不對確；因為根據對確的定義，前提真而結論假是不可能的。「有 A 是 B，有 B 是 C；因此，有 A 是 C」這個論證形式是不對確的，只要代入一些具體內容就能證明，例如：「有男人是受歡迎的人，有受歡迎的人是女人；因此，有男人是女人。」前提真而結論假，違反了對確的定義。如果以為這個論證形式是對確的話，則犯了形式謬誤。至於歸納論證的強度，是取決於其內容，不是形式。

評價論證的第二步是判定前提的真假，如果這個對確論證的前提是真的話，稱為「真確」論證，真確論證的結論是必然為真。若強的歸納論證具有真的前提，就叫做「有力」論證，其結論很有可能為真。要判定前提的真假，最好先分辨出是哪一種命題，在〈語句意義〉這一篇我們區分了三種命題：分析命題、事實命題和價值命題，不同命題有不同的方法判定真假。基本上，分析命題單憑理解命題的意思就能判定真假，當然，有時會涉及字詞的定義之爭，也不是毫無爭議的，例如在墮胎的爭論中，胎兒是否人就涉及人的定義。至於事實命題的真假，主要訴諸經驗證據，包括觀察、調查和實驗，視乎哪一種事實命題，簡單的如「太陽由東邊升起」，憑觀察就可判定。價值命題比較複雜，需要比較正反雙方的理據才能判定，也往往有爭議性，例如「墮胎是殺人，殺人是不道德；因此，墮胎是

圖說實用邏輯學

不道德。」這是對確論證，要攻擊這個論證，就只可攻擊它的前提，假設要反駁第一個前提「墮胎是殺人」，可以說：「胎不是人，所以墮胎不是殺人。」若要攻擊第二個前提「殺人是不道德」，可以這樣說：「當胎兒威脅母親的生命，墮胎是容許的，這相當於自衛殺人。」當我們評價論證時，也要檢視是否犯了謬誤；謬誤的分類會在〈謬誤定義〉那一篇說明。

評價論證與檢視謬誤

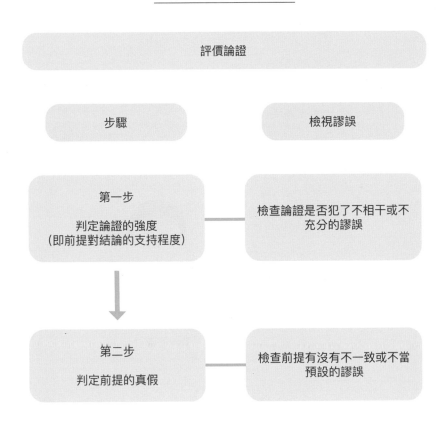

非宗教徒：X 宗教的教義那麼悖理，為甚麼你會相信？

X 宗教教徒：正是那麼悖理，卻竟然可以維持了幾千年，一定是有神靈相助！

辨別論證和評價論證都是有法可循，有理所依，屬於批判思考；但建立論證是一種創造，並沒有特定的方法可憑，屬於創意思考。不過，了解論證的性質對我們建立論證也有一定的幫助。首先，要懂得區分演繹論證和歸納論證，這樣就不會弄錯所建立的是哪一種論證。將本來是演繹的論證轉變為歸納也可以是一種創新，舉個例，原本用來證明上帝存在的「目的論論證」是一個演繹論證，根據這個世界的複雜性和精密性，推論出有一個設計者，那就是上帝，又稱為「設計論證」，但這個論證並沒有必然性，換言之，這是錯誤的演繹論證；不過，由設計論證演變出來的「手錶論證」，以鐘錶有設計者為類比，推論出宇宙也有一個設計者，這是類比論證，屬於只有概然性、沒有必然性的歸納論證，所以批評手錶論證沒有必然性，其實是犯上了「攻擊稻草人謬誤」（見〈轉移視線〉這一篇）。

另外，我們之前學到的對確論證形式，可以幫助我們建立具必然性的推論，例如「逆斷律」（如果 A 則 B，非 B；因此，非 A）最適合用來否證，著名的例子有十八世紀英國哲學家休姆否定上帝的論證。休姆指出，如果上帝是全善的話，祂就一定願意阻止惡；如果上帝是全能的話，祂就一定有能力阻止惡；既然這個世界有惡的存在，即表示上帝非全能或非全善，基督教所講既全能又全善的上帝是不可能存在的。我們可以將這個論證陳構如下：「如果全能及全善的上帝存在則世間不會有惡的存在，世間有惡的存在；因此，全能及全善的上帝不存在。」又例如，有人主張基本權利是絕對的，

我們也可以用逆斷律來否證這種主張：「如果基本權利是絕對的話，則刑罰應該廢除，刑罰不應該廢除；因此，基本權利不是絕對的。」當然，單是對確論證是不夠的，我們還需要證明前提是真，因為只有真確論證才確保結論為真，第一個前提「如果基本權利是絕對的話，則刑罰應該廢除」是真的，因為絕對的意思是任何情況都不可以違反，而刑罰正正違反了我們的基本權利，死刑違反生存權利，監禁違反自由權利，罰款則違反財產權利，生命、自由和財產正是我們的基本權利。第二個前提「刑罰不應該廢除」也是真的，因為刑罰具有阻嚇作用，即阻嚇他人犯罪；如果沒有刑罰的話，社會秩序就難以維持。

「歸謬法」也是常用的否證方法，那是先假設對方的論點為真，然後推論出邏輯矛盾，那就可證明對方的論點是假的。據說有人用歸謬法推翻了亞里士多德的自由落體理論，亞里士多德主張「物體愈重，下跌的快速度也愈快」，我們可以做一個思想實驗，假設物體 A 的下降速度是 n，現在將一個較輕的物體 B 跟 A 綁在一起，根據亞里士多德的說法，B 的下降速度比 A 慢，於是整體的速度會拖慢，少於 n；但我們又可以推論出整體的速度會大於 n，因為現在這個物體的總重量增加了（A ＋ B），根據亞里士多德的說法，速度也會增加。換言之，整體速度既大於 n 又少於 n，這就是邏輯矛盾；因此，亞里士多德的說法不成立。

還有一個用來陳構對確論證的形式叫做「兩難式」，其論證形式為「如果 A 則 B，如果非 A 則 B，A 或者非 A；因此，B」，例如：「如果結婚則有痛苦（因為有家庭負擔），如果不結婚則也有痛苦（因

為孤單一人），結婚或者不結婚；因此，都有痛苦。」由於兩難式是對確論證，唯一反駁的方法就是攻擊它的前提。

善用權威也是一種很好的歸納論證，有人以為凡是引用權威就是犯了「訴諸權威的謬誤」，其實那是誤解，所謂「訴諸權威謬誤」是指誤用權威、引用假權威或不相干權威。雖然沒有科學證據證明靈魂或死後世界的存在，但我們可以有歸納上的論證，我認為最值得信任的就是像蘇格拉底、耶穌和釋迦牟尼這樣公認的偉人或智者，因為他們都說了很多有智慧和指導性的說話，根據歸納法，他們斷言靈魂的存在和死後的世界也是可信的。建構論證時，應善用對確的論證形式，避免使用不對確的論證形式。

建立論證的參考

正斷律	正面提出自己的主張
逆斷律	否定對手的主張
兩難式	令對手陷入兩難之中
歸謬法	由對手的說話推論出邏輯矛盾，繼而否定他的主張
類比論證	善用類比可以增強說服力

歸納推論

老師：推論主要分兩種，一種是演繹，另一種是歸納。

學生：我明白了，數學歸納法是歸納推論，假設演繹法是演繹推論。

老師：你弄錯了！

學生：為甚麼？名稱是一樣啊！

老師

學生

在〈合乎邏輯〉那一篇說過，邏輯主要分為兩種，一種是演繹，另一種是歸納，兩者主要分別是演繹有必然性，歸納沒有必然性，只有概然性。不過，「數學歸納法」並不是歸納推論，所有數學證明或計算都是演繹推論。雖然「假設演繹法」有演繹的成分，但整體來說，它還是歸納法。常見的歸納推論有五種：概推論證、類比論證、因果論證、假設演繹法和最佳解釋推論，在這裏我們會討論前三種。

概推論證是由某事物樣本具有的性質，推論出該事物也具有這樣的性質，除了全稱歸納之外，概推也可以是統計歸納，其論證形式為：「在觀察一定數量的 A 之後，發現當中有 X% 是 Y；因此，所有有 X% 的 A 是 Y」，如果 X 是 100 的話，那就是全稱歸納，例如：「已觀察的烏鴉都是黑色的；因此，所有烏鴉是黑色的。」在日常生活中，概推論證被廣泛使用，很多研究調查都是概推論證，譬如要知道香港市民對特首的滿意程度，我們可以做一次問卷調查，抽取若干數量的香港市民來作答。

在評價概推論證時有幾點要注意的，第一，樣本的數量，假如只詢問了三個人，那明顯是樣本不足，沒有代表性；第二，即使樣本的量足夠，若不是隨機調查，如只詢問在中環上班的人，也欠缺代表性；第三，如果有已知遺漏，例如已知有白色的烏鴉存在，即使有大量的黑色烏鴉，也不能推論出「所有烏鴉是黑色」。以上三種情況，都是犯了以偏概全的謬誤。

類比論證是基於兩種東西有某些相似性，而推論出它們也有其他相似的地方，其論證形式為：「A 具有 x, y, z……t 等的性質，B 具有 x, y, z……等的性質；因此，B 也具有 t 的性質」，這是由個別推論出個別，不同於由個別推論出全體的概推論證。

以藥物研究為例，我們都是先用動物（如白老鼠）來試驗，若藥物對動物沒有傷害而又有效的話，才會給人類使用，這就是基於人類和動物在生理上的相似性。類比推論的應用範圍很廣，包括科學、哲學、法律和商業等等。著名的「手錶論證」也是類比論證：「手錶的結構十分精密、有秩序、有創造它的設計師，宇宙的結構一樣十分精密、也有秩序；因此，宇宙也有創造它出來的設計師，這就是上帝。」

要評價類比論證，有幾點要注意，第一，如果兩者的相似性愈多，則論證愈強；第二，如果結論跟其他相似性的關係愈密切，則論證愈強；第三，如果結論跟我們已有的知識愈相容，則論證也愈強。

至於類比謬誤，即是錯誤的類比推論，有兩種不同的分類，有些書會將類比謬誤歸入不相干的謬誤，即前提對結論毫無支持，例如：「見到和尚就不要去賭錢；因為和尚是光頭，賭錢就一定會輸光。」以「光頭」類比「輸光」，這是牽強比附；不過，也有書將類比謬誤歸類為不充分的謬誤，即是非常弱的歸納推論。

因果論證是用來找出事物之間的因果關係，十九世紀英國著名哲學家彌爾主張五種用來找尋因果的歸納法，分別是取同法、差異法、

差異關聯法、共變法和剩餘法。在科學實驗中，採用控制組和實驗組的方法正是差異法的應用。例如我們要測試兒童收看有暴力內容的電視節目後會否產生暴力傾向，就要將兒童分成控制組和實驗組，只給實驗組看暴力節目，除此之外，兩組的待遇都要一樣，過了一段時間，再觀察兩組人的暴力傾向有沒有分別；如果實驗組有較明顯的暴力傾向，則可以推論出看暴力電視節目是令兒童產生暴力傾向的原因。

不過，關聯性只是我們找尋因果關係的起點，如果單憑兩者在時間上先後出現，就判定它們一定有因果關係的話，可能會犯上因果謬誤。例如雞啼之後太陽出來，但這不表示雞啼是太陽出來的原因，即使沒有雞啼，太陽還是會出來的，這就是假因謬誤。

有時即使兩個事件經常伴隨出現，但有可能是由同一個原因所產生，例如閃電和行雷，如果誤以為閃電就是行雷的原因，這就是共因謬誤。還有一種是倒果為因的謬誤，例如：「成績好的學生通常都坐在課室的第一排；因此，想令成績差的學生進步就是要他們坐在第一排。」實則學生成績好是因為用心上堂，而用心上堂的學生多數會坐在第一行。

三種常見的歸納推論

歸納推論	形式	評價要點	相關謬誤	
概推論證	樣本具有某種性質 ↓ 全體具有某種性質	檢查樣本的數量是否充分，是否任意抽查	以偏概全	樣本太少
				樣本沒有隨機性
				已知遺漏
類比論證	X 和 Y 有很多相似性，X 有某種性質 ↓ Y 也有某種性質	檢查相似性跟類比性質有沒有關聯性	類比謬誤	牽強比附
				弱的類比推論
				將解釋當作推論
因果論證	X 和 Y 有關聯性 ↓ X 和 Y 有因果關係	用控制組和實驗組的方法確認	因果謬誤	共因謬誤
				倒果為因
				假因謬誤

20 / 何謂科學

科學的拉丁原文是 Scientia，意思是知識，從這個角度看，幾乎所有學科都可以叫做科學，數學和邏輯是形式科學，物理學和化學是自然科學，經濟和政治學則是社會科學，連藝術和哲學也可視為人文科學。不過，我認為這樣詮釋「科學」似乎太闊了，也失去了這個詞語的特定指涉功能。科學可以有狹義和廣義之分，狹義是指研究自然現象的學科，包括物理學、化學和生物學等；廣義則泛指採用科學方法來研究的學科，那麼，心理學、社會學甚至歷史都可以稱為科學。

但若以追求普遍定律作為是否科學的標準，恐怕社會科學和歷史學均尚未達標，因為到目前為止，我們還沒在這些領域找到可以跟自然科學相提並論的普遍定律。如果能夠找到社會現象背後的普遍定律，那就可以像自然科學一樣解決如貧窮、犯罪和戰爭等問題，這將大大改善人類的生活，所以有人主張尋找普遍性定律是社會科學和歷史學的努力方向。但我認為歷史和社會現象根本不存在類似自然現象的普遍定律，就像一個沒有魚的水塘，無論用甚麼方法都是捉不到魚的。主要原因是受其研究對象所限制，物理學家和化學家可以在實驗室工作，將其他外來因素的影響減到最低；但人類社會就很難這樣控制，況且用人來做實驗會有很多道德上的限制。自然科學語言的精確性排除了歧義和含混的問題，這方面也比社會科學優勝。此外，人事現象跟自然現象有一個重要的分別，那就是人有自由意志，而且研究者跟研究對象是同一個層次，這樣預測本身就會直接影響預測的結果，導致所謂「自證式預言」及「自殺式預言」，例如有人預測 A 國會進攻 B 國，但由於預測公開了，A 國

知道 B 國已有防備,於是放棄了進攻,預測自然落空了,這就是自殺式預言。社會科學裏只有概然性定律,而且只適用於一時一地,普遍性就更低。

我認為,自然科學和社會科學的知識有一個明顯的分別,自然科學的特性是提供「說明性」的知識,旨在找出可用來預測的定律,有利於控制;而社會科學的特性則是提供「解釋性」的知識,讓我們理解社會和歷史現象,繼而了解自己。以馬克思的理論為例,雖然很多預測都落空(如馬克思預測共產主義革命會發生在英國),但馬克思的理論仍可提供理解社會和歷史的角度,例如他對資本主義社會「剝削」和「異化」的分析,有助加深我們對自身處境的了解。

「科學」的分類

科學	例子	性質
形式科學	數學、邏輯學	提供思考法則,是建立其他知識的工具
自然科學	物理學、化學、生物學	尋找定律,作出說明和預測
社會科學	社會學、政治學、經濟學	尋找定律,作出說明和預測;提供觀點,了解社會和自己
人文科學	藝術、哲學、歷史	提供觀點,了解社會和自己,跟人文價值有着密切關係

在一般人的心目中，科學代表了理性和客觀，即使人們不大清楚科學到底是甚麼，但從科學的效用（即科技），例如互聯網、核能發電、太空船等就可知道科學的厲害和必要性。不過，有時科學並不如我們想像中那麼客觀，也不是完全價值上中立的，政治、社會和經濟等因素都會影響科學研究報告，而研究員本身的價值觀、期望、偏見或利益也有可能會影響研究結果。

我認為也有必要區分科學和科技，並指出古代科學和現代科學的分別。先說區分科學和科技，簡單來說，科學是一種純理論的探求，旨在找出現象背後的普遍定律；科技則是科學的應用，產生實際的效益。這樣看來，我們是先有科學，後有科技。但現實上，由於實際效益對科技的渴求，反而影響了科學研究的方向，科學家並不是我們想像中那麼超然地只是為了尋求真理，因為科研需要龐大的資金，若沒有經濟或軍事效益，又有誰會投資呢？

至於古代科學和現代科學的分別，我們只要比較亞里士多德和伽利略如何研究就可知道。科學的本質是歸納法，最早提出歸納法的是亞里士多德，但他重視的只是演繹法和觀察，也沒有量化的研究（因為沒有應用數學），更沒有做實驗的想法；而數學的應用和實驗正是現代科學的特色，伽利略就是用實驗推翻了亞里士多德的自由落體理論，並且將自由落體定律陳構成一條數學公式。

21 科學方法

在自然科學的研究過程中，會使用的概推、類比、計算、實驗、觀察等方法，統統都可稱為科學方法，但我認為假設演繹法才是科學方法的核心。雖然說是演繹法，但其本質還是歸納法，只是包含有演繹推論的成分。

假設演繹法可以分為三部分，第一部分是「提出假設」，科學研究通常都是源於特定的問題，提出假設是對有關問題的猜想性回答。科學假設有兩個主要來源，一個是歸納得來，例如氣體定律（在科學理論中，所有定律都屬於假設）；另一個是依靠想像力創造得來，例如愛因斯坦的相對論。對於較為抽象的科學理論，假設往往是來自後者，大抵上，第一部分「提出假設」主要屬於創意思考。

第二部分是由假設加上先行條件演繹出可觀察的命題，這部分通常稱為「科學說明」，由說明項和被說明項所組成。說明項包括科學假設和先行條件，被說明項是由說明項所演繹推論出來。科學說明和科學預測是同構的，如果那個事件（被說明項）已經發生了，就叫做說明了那個事件；如果那個事件還未發生，我們就說預測了那個事件。

第三部分就是「驗證假設」，通常是透過實驗，再憑着這些可觀察的現象去印證或否證這個假設。如果經驗證據是反例的話，假設就被推翻，我們要再提出新的假設，如此類推，直至找到一個妥當的假設去說明這種現象為止。如果說第一部分「提出假設」主要屬於創意思考的話；那麼，第二部分的「科學說明」和第三部分的「驗

證假設」則屬於批判思考。胡適有一句名言：「大膽假設，小心求證」，正好對應着第一和第三部分。

科學研究的步驟

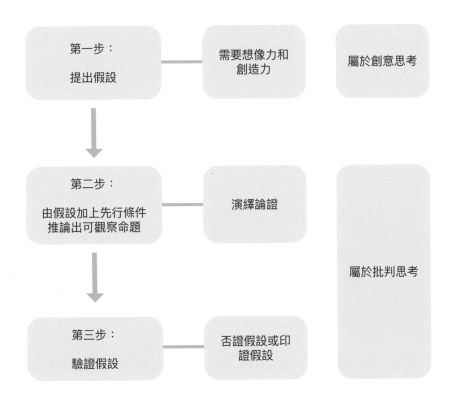

假設演繹法除了是科學方法的核心之外，也是科學研究的主要步驟。舉個例，根據亞里士多德的自由落體理論，物體愈重，到達地面所需的時間就愈少。伽利略反駁說物體落地的時間跟其重量沒有關係，只取決於物體跟地面的距離，他將自由落體定律陳構成一條

數學的公式：$s = \frac{1}{2} at^2$，其中 s 是物體跟地面的距離，a 是一個物理常數：$9.8ms^2$，如果知道物體距離地面的高度，就可計算（推論）出物體落地所需的時間，現在假設物體距離地面的高度是二十米，物體落地所需的時間就是兩秒。

自由落體定律：$s = \frac{1}{2} at^2$

相干事實：$s = 20$ 米

物體落地所需的時間：2 秒

如果我們真的做實驗的話，就可憑結果「否證」亞里士多德的理論，同時「印證」伽利略的假設。

科學假設可以是普遍定律，也可以是個別真相，後者是說明某個特定現象出現的原因，例如說明宇宙如何產生的大爆炸理論和說明物種多樣性的進化論，這些理論有別於以上所講的科學定律，不能作出預測，只能說明過去的事件為甚麼會發生。

換言之，我們有兩種科學說明，一種是可作出預測的，例如自由落體定律、引力定律、氣體定律等；另一種是不可作出預測的，例如大爆炸理論和進化論。有人認為若理論無法作出預測，就不算是科學理論，此說法明顯不妥當，因人們普遍都把大爆炸理論和進化論視為科學理論。雖然大爆炸理論和進化論不能作出預測，我們無法透過實驗來驗證這些理論，但並不表示沒有經驗證據的支持，例如紅移現象和宇宙膨脹都是支持大爆炸理論的證據。

假設演繹法正好用來解釋科學為何會不斷進步，當舊的理論被實驗推翻之後，就迫使科學家繼續研究，努力不懈地創造出新的理論來說明這些反例，這正是科學的進步，也令我們的知識不斷增長，例如亞里士多德的自由落體理論被伽利略所推翻、牛頓的物理學被愛因斯坦所推翻等。根據否證的說法，似乎一個反例就可推翻這個理論或假設，不過實情並沒有這麼簡單，在〈可否證性〉這一篇會再作詳細討論。

對於同一個現象，有時會有多過一個的假設，究竟要選擇哪一個呢？這時候我們需要運用最佳解釋推論，這也是一種歸納法，英文叫做 Inference to the Best Explanation，也有人稱為 Abduction。那是根據現存的證據，找出一個最合理的假設來解釋，就像在兇殺案的偵緝過程中找出誰是兇手一樣，例如在福爾摩斯的劇集中，通常會有幾個嫌疑犯，而福爾摩斯就運用智謀，從證據中找出真正的兇手。其論證形式是這樣：「A，B，C，D……都可以解釋 X 這種現象，A 是最佳的解釋；因此，A 是真的。」

究竟怎樣才找到最佳解釋呢？評估科學假設有五個標準，分別是：1. 說明性；2. 融貫性；3. 簡單性；4. 關聯性；5. 豐富性。說明性即假設的說明能力或預測能力，如果愈多經驗證據印證一個科學假設，它的說明能力就愈高；除了量之外，我們也要考慮質，即預測的精確性，例如預測明年七月七日在日本東京會發生地震，就比預測明年日本會有地震精確得多。

但是，之前我們說過，有些科學理論是沒有預測性的，例如大爆炸理論和進化論；那麼，說明性的意思就有所不同，其說明力跟經驗證據的支持掛鈎，愈得到更多經驗證據的支持，其說明力也愈高。近年來，在美國有聲音說生物課除了教授進化論之外，也應教授創造論，因為創造論亦是一種科學理論，它同樣有經驗證據的支持。

融貫性有兩個意思，一個是一致性，即沒有邏輯矛盾，例如「今天下雨」和「今天是星期一」這兩句話就是一致的，因為它們可以同時為真；另一個是支持性，例如「下雨」可以支持「地面濕」。融貫性不單是指理論內部沒有邏輯矛盾及能夠互相支持，也包括其他理論和經驗事實，其中最重要的是演繹上的支持。甚麼是演繹上的支持呢？就以自由落體定律為例，可以由牛頓物理學推論出來，這就是演繹上的支持。有時即使沒有任何經驗證據支持的假設或理論，但若得到演繹上的支持，那還是可信的。例如月球上的自由落體定律，從來沒有人在月球上做過自由落體的實驗，但這個定律可以由牛頓物理學推論出來，即在演繹上得到牛頓物理學的支持，牛頓物理學本身就有充分的經驗證據支持，所以月球上的自由落體定律也是可信的。

當兩個科學理論的說明能力大致相同的時候，接受何者可以訴諸簡單性原則，例如科學史上有名的「日心說」和「地心說」之爭，簡單來說，前者認為地球環繞太陽轉動；後者則相反，指太陽環繞地球而轉動，當時這兩個理論的預測能力相若。不過在計算方面，地心說比日心說複雜得多，這就是為甚麼當時的科學界會接受日心說，因為它簡單得多，運用起來也較方便。又例如，根據簡單性原則，科學家放棄了自亞里士多德以來對「以太」的假設，因為這是多餘的，其實就連牛頓也相信「引力需要以太這種媒介才可以傳送」。

關聯性是指說明項和被說明項兩者的關係，例如我們發現夏天時，被鯊魚襲擊的事件和雪糕的銷量都上升，於是有兩個假設提出來說

明這個現象，假設一：鯊魚喜歡吃雪糕；假設二：夏天多了人吃雪糕，也多了人去游泳，於是受到鯊魚襲擊的事件也增加了。單憑常識即可判定假設二比假設一優勝，因為它能更合理地說明「雪糕銷量」和「被鯊魚襲擊」兩者的關聯性。

至於豐富性，是指這個假設或理論能應用到其他領域，產生實質的成果，例如有人將達爾文的進化論應用到社會方面，誕生了社會進化論；又例如諾貝爾經濟學獎得主納殊的博弈論可以應用到生物學、政治學等其他領域。

評估科學假設的標準

說明性	主要指預測性，若預測性不適用，那要看經驗證據的支持
融貫性	一致性及互相支持
簡單性	其他條件相同，愈簡單愈好
關連性	假設跟事件的合理關係
豐富性	能夠應用於其他領域

可否證性

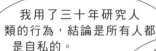
我用了三十年研究人類的行為，結論是所有人都是自私的。

德蘭修女一生助人，那不就是無私奉獻嗎？

社會學家

普通人

德蘭修女也是自私的，因為她不過是滿足於自己要幫人的慾望。

社會學家

圖說實用邏輯學

96

漫畫中那位社會學家的言論有兩個問題，第一就是扭曲了「自私」這個概念，是為概念扭曲（見〈偷換概念〉一篇）；第二是將「所有人都是自私的」這句話變成了空廢命題（見〈空言廢語〉一篇），那是必然為真，但欠缺經驗內容，卻扮作提供信息。由於這句話沒有經驗內容，那就不被任何可能的經驗證據所推翻，缺乏了「可否證性」。

著名的科學哲學家波柏認為，可否證性正是科學的本質，如果一個理論欠缺可否證性，卻又宣稱為科學的話，那就是「偽科學」，他指出馬克思主義和佛洛伊德的心理分析都是偽科學，因為這些理論都不可能被經驗證據所推翻，例如根據佛洛伊德的說法，無論出現甚麼心理問題，全都歸因於幼兒時性慾被抑壓到潛意識。

在〈科學方法〉那一篇，我們提到科學理論被實驗所推翻，那就是「否證」，其論證形式如下：「如果 H 則 O，非 O；因此，非 H。」H 代表「科學理論或假設」，O 代表「可觀測的現象」，論證為：「如果假設成立的話則會產生這樣的現象，沒有出現這現象；因此假設不成立。」這個論證形式是對確的；換言之，只要實驗結果是負面，就可推翻這個理論。

若實驗結果是正面又如何？其論證形式是：「如果 H 則 O，O；因此，H。」問題是，這個論證形式是不對確的，無論有幾多正面的實驗

結果,都不可以說科學理論一定成立,只能夠「印證」它為真,愈多的正面實驗結果,就愈印證這個理論為真。這也是為甚麼我們會稱科學理論為「假設」,因為它只能夠被否證,而沒法百分百肯定為真,所以永遠都只是假設。不過,波柏並不承認「印證」,無論科學理論得到多少實驗數據或經驗證據的支持都不重要,重要的是它有沒有「可否證性」,實驗的目的就是要否證理論,這是一種頗為極端的立場,相信也沒有科學家真的會抱持這種立場。

否證 VS 印證

否證	印證
如果 H 則 O 非 O ――――――― 因此,非 H	如果 H 則 O O ――――――― 因此,H
對確	印證

而實際的情況比較複雜,因為科學理論必須結合先行條件才能推論出可觀察的命題,而先行條件包括很多東西,例如假定了實驗的裝置沒有問題、儀器沒有損壞、讀數正確等等。為方便起見,現在只有四個先行條件,其論證形式如下:「如果(H + A1 + A2 + A3 + A4)則 O,非 O;因此,非(H + A1 + A2 + A3 + A4)」,拆了括號之後,非(H + A1 + A2 + A3 + A4)就成為「非 H」或者「非 A1」或者「非 A2」或者「非 A3」或者「非 A4」,所以有錯的未必是科學理論,也可能是其他先行條件出問

題。試想想我們讀中學時做的科學實驗，通常都不符合預測，但我們都不會認為這個反例可推翻假設，而只會是我們做錯了實驗，因為這些理論已經不知被人做實驗印證了多少次。

雖然波柏的「可否證性」說法有點極端，但可提醒我們一件事，那就是要留意科學預測的質素。先比較以下這兩個預測，第一個：「小明會在一百年內死亡。」第二個：「小明會在明年死亡。」這兩個預測都有可否證性，就以第一個來說，如果一百年後小明還健在的話，「小明會在一百年內死亡。」這句話就會被推翻。以質素來說，很明顯，第二個比較好，因為更加精準和有用，但也更容易被推翻。

再看看這個預測：「明年小明會遇到問題。」這句話十分含混，容許解釋的範圍也實在太大，近乎不可能被推翻。還有這兩個預測，一個是：「明年小明會死亡或者不會死亡。」另一個是：「明天小明會超越時空而存在。」這兩句話也缺乏可否證性，前者是空廢命題，必然為真，也不被任何經驗所否證；後者則是偽冒命題，根本沒有任何意義，沒所謂被否證。

試想想，一些風水算命的說法，有沒有這三種情況：1. 太含混，2. 廢話，3. 沒有意義；有的話，那就是偽科學。

24 / 類比思考

24 / 類比思考

哲學家：財富就像海水，喝得愈多愈口渴。

哲學信徒：太好了，原來財富就像海水一樣，唾手可得。

類比除了用作推論之外，也可以有解釋的用法，亦即是比喻。漫畫中的哲學家用海水來比喻財富，說明追求財富的欲望是無窮無盡的；但哲學信徒卻誤以為是類比推論，將類比解釋當作推論往往會產生謬誤。舉個例：「鳥有雙翼，車有二輪，文武不能廢也。」這是以雙翼和二輪為比喻，解釋文武不可缺一的道理，類比解釋只是將論點解釋清楚，並不可以用來支持論點。

中國人善於運用類比，先秦諸子已經注意到類比思考，例如孟子說：「故凡同類者，舉相似也。」墨家說：「譬，舉他物以明之。」荀子說：「譬稱以喻之。」惠施說：「舉他身以明之也。」但似乎他們並未自覺到類比推論和類比解釋的分別。孟子說：「人性之善也，猶水之就下也（水向下流，人性向善）。」他好像以為「水向下流」可以支持「人性向善」，這樣就會將類比解釋當成類比推論，產生了謬誤。也許中國人思考不清晰的原因之一，就是無法區分作為修辭的比喻、用作解釋的類比，以及本身是推論的類比。

在〈歸納推論〉那一篇已討論過甚麼是類比論證，那是一種由個別到個別的歸納推論，通常是由我們熟悉的東西類比一些陌生的東西，亦是一種產生創意的思考方法。據說鋸是魯班師傅所發明的，有一次魯班被有鋸齒狀邊緣的樹葉割傷，想到如果金屬有鋸齒的話，那豈不是一種鋸木的好工具嗎？於是造出了「鋸」這種工具；由此可見，鋸的發明正是來自類比思考。

車輪的誕生影響了人類歷史，但有沒有想過車輪是怎樣發明的？我猜想車輪的意念也是來自類比，就是古人看見圓的東西如西瓜或橙在地上滾動，因而得到靈感。類比思考的獨特之處在於它彷彿是一條橫跨批判思考和創意思考的橋樑，引領我們由理性思考走到創新發明，正如康德所講：「每當理性思考缺乏可靠論證引路時，類比往往可以給予我們方向。」

宇宙森羅萬象，事物之間何止千差萬別；但也存在着相似或相同結構的一面，這是類比思考背後的根據。例如在宏觀的世界，行星環繞恒星而轉；而在微觀的世界，電子也一樣環繞原子核而轉，模式何其相似，科學家也是從前者得到靈感，類比出後者。化學家柯庫勒（August Kekule）夢見一條蛇咬着自己的尾巴，於是類比出苯這種化合物的環狀分子結構。

類比思考在形成科學假設方面擔當很重要的角色，很多科學家也自覺地運用這種方法，例如庫倫靜電定律就是來自牛頓重力定律的類比。牛頓重力定律的數學公式是 $F = GMm/r^2$，其中 F 是重力，G 是重力常數，M 和 m 分別是兩個物體的質量，r 則是這兩個物體的距離；而庫倫靜電定律是描述靜電力和電量與距離之間的關係，其數學公式為 $F = kQq/r^2$，k 是常數，Q 和 q 分別是兩個帶電物體的總電量，而 r 也正是兩個物體的距離，這兩個定律在形式上何其相似。氣體分子運動理論亦是來自彈珠運動的類比，彈珠跟氣體分子一樣，擁有動量、位置和軌跡，我們可以由大量彈珠的運動和碰撞計算出氣體分子的運動和碰撞。

仿生學就是基於類比思考發展出來的一門學科，簡單來說，由生物的特定功能類比出相關的人工技術，引導創新和發明；例如建基於類比蝙蝠的夜行功能（回聲定位），我們發明了雷達。根據這個類比原理，我們也有可能發明類似昆蟲複眼的電子眼，像狗一樣靈敏的電子鼻，或是跟自然生態一樣可以循環再用的智能房子。

仿生學跟以上的類比思考有點不同，它不是被動地訴諸靈感，而是主動地、有系統地用類比來創造和發明，假如現在我們有一個問題：「如何製造隱形衣？」就可以從有類似功能的生物入手，即有保護色的動物，如某些昆蟲、變色龍和比目魚等，不同動物的保護色原理可能不盡相同，我們可以找出比較可行的一個。當然，類比只是為我們提供意念或方向，如何做得到還需要相關的知識和技術。

類比的四種用法

推論	是歸納推論的一種
修辭	文學寫作時使用的技巧，增加其藝術性
解釋	用比喻將論點說明清楚，讓人易於明白
創意	提出新的意念

從上頁的漫畫看到，如果我們不知道基數是甚麼的話，就很容易被誤導，以為產品的銷量很好。概率主要分為先驗和後驗兩種，六合彩攪珠的中獎機會率是先驗概率，因為每次抽號碼都是一個獨立事件，不受之前的影響，我們可以計算出每一注的中獎機會皆是均等；而某種癌症的康復率則是後驗概率，這是基於過往經驗歸納出來的。還有一種概率有別於這兩種，比如說胎兒患上唐氏綜合症的機會率，那是將一系列有關的因素（如孕婦的年齡）加在一起，建構成一條公式再計算出來的。有一個案例是這樣的，某孕婦被診斷出胎兒有千分之一機會患上唐氏綜合症，於是醫院建議她做羊水測試，那就可確定胎兒會否真的患上唐氏綜合症；但問題是，根據過往經驗，做這種檢查會有百分之一的機會傷害胎兒生命。為了避免千分之一的風險，而去冒百分之一的風險，醫院竟然有這樣的建議，真是奇怪！

活在現代社會，每天都接收很多資訊，當中不少是以統計數字的形式出現。有人說數字不會說謊，好像很客觀似的，但我們正正要小心由數字造成的誤導，尤其是政治和廣告宣傳的統計數字，據說欺騙率高達 90% 以上！面對統計數字，我們首先要確定資料來源，查證是否由人虛構出來。假如統計數字真是來自研究調查，那就要看那是實質的數字，還是基於樣本概推而來；若是來自樣本，那就要檢查一下有沒有以偏概全的謬誤，即是〈歸納推論〉那一篇所講，樣本的數量是否充分，選取的樣本有沒有偏差，以及有沒有已知的遺漏。

除了以偏概全之外，在統計上最容易出現的謬誤還有片面引導和概念混淆。統計的主要作用是將資料整理為數據，我們就可憑着這些數據對整體有所了解，但過程中無可避免會遺漏了一些信息。片面引導就是刻意隱瞞某些重要信息，造成誤導，常見的手法是隱瞞基數，例如某中學宣稱其學生入讀大學的升學率增加了 500%，但實情是這間學校去年只有一位學生升讀大學，今年則有六個，實質人數只是多了五個，但也可以說是（6-1）/1X100%=500% 的增長。以上例子所講的增長是相對值的變化，我們也可以用絕對值的變化去計算增長，比如說去年患愛滋病的人佔全港人口 5%，今年是 6%，可以說是上升 1%，這是絕對值的變化；如果要誇大愛滋病患者的增加情況，就可用相對值的變化來計算，說上升率增加了（6-5）/5X100%=20%，這種誤導就是混淆了絕對值或相對值的變化，屬於概念混淆。

平均數也是一個容易被用作片面引導的統計概念，例如地產經紀對你說這個單位的呎價是一萬元，而所屬屋苑的單位平均呎價則是一萬二千元，比平均呎價低。但實情是，這是一個面向馬路的單位，比其他面向海邊的單位便宜得多，地產經紀刻意隱瞞了箇中分別，令你以為這個單位值得購買。

在統計學上，平均數（Average）只是「平均值」的其中一種計算方式，此外還有中位數（Median）和眾數（Mode），這樣就容易產生概念混淆的問題。平均數是將所有數值加起來，然後除以數值的數目；例如要知道香港人每月收入的平均數，需要將香港人的月入加起來，再除以全港在職人口，假設得出來的數值是六萬元。中

位數是將所有數值從高到低排列出來，然後取排在中間的數值作為平均值；假設在香港人月入中位數是三萬元的話，即是有一半人的收入高於三萬元，另一半人的收入低於三萬元。至於眾數，是將所有數值列出來，並計算不同數值的數目，數目最多的數值就是眾數；例如香港在職人口中，以月入二萬元的人為最多，那麼二萬元就是眾數。有些政府為了隱瞞貧窮問題的嚴重性，在計算收入的平均值時，就會用平均數代替中位數，使平均收入看起來很高，造成誤導。

涉及統計思考的陷阱

思考陷阱	謬誤
隱瞞基數	片面引導
平均數	
混淆絕對值和相對值	概念混淆
混淆不同的平均值	

另外，不少統計數據都是來自問卷調查，但問卷上可能會出現混合問題或引導性問題。混合問題屬於不當預設的謬誤，由於問題混入了不恰當的假設，於是無論我們怎樣回答，都好像接受了這個不恰當的假設，例如：「你想要民主，還是經濟繁榮呢？」這個問題預設了民主和經濟繁榮是對立的，只可二擇其一，但明顯地，兩者可以並存；這也是一個引導性問題，因為對於普羅大眾來說，當然是吃飯（經濟繁榮）比自由（民主保障）重要。

26 / 科學至上

由「沒有科學證據證明打疫苗會有副作用」是推論不出「打疫苗沒有副作用」，這推論是犯了訴諸無知的謬誤（見〈訴諸無知〉一篇）。我們很容易接受用科學證據來包裝的言論，這是由於科學的成功，造就了科學至上的思想，視科學為唯一的真理。這就是所謂「科學主義」，以科學為標準來衡量一切知識，否定所有科學不能驗證的東西。鬼神和死後世界的存在也得不到科學的證明，那麼，所有宗教都是迷信嗎？科學和迷信好像是對立的，有科學精神的人不會迷信，而迷信的人往往缺乏科學精神，因為科學需要求真的精神和懷疑的態度。但問題是，甚麼是迷信呢？有人認為，相信沒有科學根據的事物就是迷信，不過，我認為這種看法正正是一種迷信，那就是迷信科學，背後正好隱藏着訴諸無知的謬誤，因為沒有證據證明某事物是真，就推論出它是假的。

相信沒有科學根據的事物不一定是迷信，因為科學並非信念的唯一根據，例如愛情和友誼如何用科學來證明呢？當然，知識的最可靠來源還是科學，物理學家叫你不要把手指放入電插座的孔，醫生說不要吃砒霜，你最好相信，否則就會受到「事實」的懲罰。也可以這樣說，相信已經被科學證明為假的東西就是迷信，例如《聖經》說地球只有幾千年的歷史，但我們有充分的科學證據證明地球已有四十六億年的歷史，若仍然相信《聖經》所說的話，那就是迷信。雖然說科學是知識的可靠來源，但也要看是哪一種科學，不同科學的可信性其實大有分別，一般來說，物理學的可信性高於化學，化學高於生物學，生物學高於心理學，心理學又高於社會學。

很多人將科學等同於唯物論，其實是錯誤的。科學是一種獲取知識的方法，而唯物論則是一種哲學的立場，唯物論認為心靈只是腦部的活動，不能獨立於身體而存在，這樣也等於否定靈魂和死後的世界，並視之為迷信。然而，接受科學不一定要認同這種哲學立場，不幸的是，現代科學滲透着唯物論的思想，影響現代文化至深的四位重要學者，馬克思、佛洛伊德、達爾文和尼采都是唯物論者，成功地宣揚了唯物論的世界觀；不過，馬克思的社會學和佛洛伊德的心理學都缺乏可否證性，屬於波柏口中的偽科學。宗教跟科學不一定是對立的，我們也可以用科學的方法研究宗教所講的神秘領域，十九世紀末期，就有不少科學家嘗試用科學方法來證明靈魂的存在，著名哲學家威廉‧詹姆斯當時曾對靈魂進行了研究。或許有人認為，即使科學不能否定宗教所講的死後世界，但科學一定跟神蹟不相容，因為神蹟是違反自然法則的，有關這方面的問題會在〈神蹟思考〉那一篇詳細討論。

由於科學的力量實在太巨大，所以有人主張科學和科技的進步可為我們解決一切問題，依靠科學的不斷成功，人類就可以過着理想和舒適的生活，不妨稱之為「科技烏托邦」；其實早於十六世紀，英國哲學家培根就有過這樣的構想，未來學家庫茲韋爾（Ray Kurzweil）亦認為科技發展將會徹底改變人類社會，科技不但可以解決資源問題，醫治所有疾病，還可以令人長生不死。我認為這種對科學過分樂觀的想法也是一種迷信，因為科學不能處理價值問題，例如人生意義和社會正義等問題都不是科學能夠解答的，在〈科技思考〉那一篇會再討論有關的問題。

最後，還有一種盲目崇拜科學的想法，就是相信任何冠上科學之名的東西，例如近年出現了一種「量子波動速讀法」，電視上所見，學生只須急速翻動書頁，幾分鐘就可讀十萬字，據說這種速讀法是量子物理學的應用，只聽到導師說了一大堆如「波粒二象性」和「不確定原理」等術語，但不知道跟速讀法有甚麼關係呢？奇怪的是，竟然有很多人為子女報讀這個課程，真是最徹底的科學迷信。其實這也不是甚麼新現象，原子彈面世之後，不也是有很多以「原子」命名的產品嗎？如原子筆、原子褲、原子粒收音機等等。

何謂迷信科學？

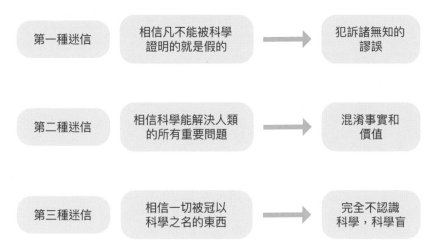

第一種迷信	相信凡不能被科學證明的就是假的	→	犯訴諸無知的謬誤
第二種迷信	相信科學能解決人類的所有重要問題	→	混淆事實和價值
第三種迷信	相信一切被冠以科學之名的東西	→	完全不認識科學，科學盲

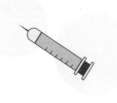

有人說接種新冠肺炎疫苗會有很嚴重的副作用。

病人

當然不是，這完全是謬誤！

醫生

謬誤有所謂廣義和狹義之分，廣義謬誤泛指錯誤的說法，一般人都是這樣使用「謬誤」這個語詞，很多書本也是在這個意思下以「謬誤」為名，例如《營養謬誤》和《養生十大謬誤》兩本書所講的是有關營養和養生知識上的普遍性錯誤。至於狹義的謬誤，指的是邏輯學或思方學上的意思，是有關思考方面的錯誤。本文要講的正是狹義的謬誤，我認為，廣義的謬誤是引申自狹義的謬誤，為甚麼不叫「養生十大錯誤」呢？原因很可能是「謬誤」在心理上有震懾的效果，這不是一般的錯誤，而是謬誤，好像嚴重很多似的。這種引申義就如「邏輯」一樣，一般人會將不合理的東西批評為「不合邏輯」，這也是「邏輯」的引申義，「合乎邏輯」的原意只是正確的推論或沒有自相矛盾而已。

大抵上，人類會追求真理，避免犯錯，但我們比較注意的是知識的真假，往往忽略了思考上的錯誤，即狹義的謬誤。大部分人未能區分廣義和狹義的謬誤，混淆知識上的錯誤和思考上的錯誤會更添混亂，為了區別起見，知識上的錯誤可稱為「訛誤」。當然，我並不是反對謬誤的廣義用法，語言的用法是約定俗成的；但若要提升思考的能力，則必須認識狹義的謬誤。

甚麼才是狹義的謬誤呢？大部分邏輯書都視之為錯誤的論證，以Copi 和 Cohen 合著的老牌邏輯書 *Introduction to Logic* 為例，就將謬誤定義為「錯誤的論證」，而近年有一本頗為流行的邏輯教科書，由 Hurley 撰寫的 *A Concise Introduction to Logic*，也將謬

誤定義為「有毛病的論證」。但正如李天命先生所說，一般邏輯書對謬誤的定義不妥當，因為並非所有謬誤都是論證，連論證也不是，自然就不會是錯誤的論證，例如「自相矛盾」只是一句具有「A並且非A」這個形式的話，並沒有前提和結論，故不是論證。若根據一般邏輯書對謬誤的定義，自相矛盾就不算是謬誤；但如果又同時承認自相矛盾是謬誤的話，那不就是「自相矛盾」嗎？此外還有「混合問題」和「離題」這兩種謬誤，前者是混入了不適當預設的問題，明顯不涉及論證；後者則是轉移論題，也不一定是論證。當然，大部分謬誤都是錯誤的論證，但也不要忽略這些屬少數的非論證謬誤。

我認為李天命先生對謬誤的定義比較妥當，謬誤是「思維方式的錯誤」，這個定義比一般邏輯書好的原因是可涵蓋「錯誤的論證」及「非論證的謬誤」，跟廣義的謬誤又有一個明顯分別。謬誤不是一般的錯誤，而是一種特殊的錯誤，乃思維方式的錯誤，將我們的注意力導向至思維方式。若將邏輯學上的謬誤定義為錯誤，那就明顯定義太闊，假如定義為錯誤的論證，則是定義太窄；思維方式上的錯誤正好介乎兩者之間，錯誤的論證只是常見的錯誤思維方式而已。究竟甚麼才是錯誤的思維方式呢？那就是「不一致」、「不相干」、「不充分」及「不當預設」，這「四不」是李天命先生對謬誤分類的架構；也可以說，他的謬誤分類有支援其謬誤定義的功能。

「四不架構」跟一般邏輯書的最大分別就是沒有區分出「形式謬誤」和「非形式謬誤」兩大類，李先生將一般人經常犯的形式謬誤如「肯定後項」、「否定前項」和「假值傳遞」歸入不充分謬誤這

一類。不相干謬誤中大部分都是錯誤的推論，而出錯的原因是前提跟結論沒有關係，即前提根本不可以支持結論。不充分謬誤也是錯誤的推論，雖然前提跟結論有關係，但不足以支持結論。不當預設謬誤是指含有不適當的假設，例如「循環論證」就預設了結論為真，但結論是有待證明，故預設其為真是明顯不妥當的。從實用的角度看，我認為「四不架構」是很好的分類，不但有系統地分類大部分常見的謬誤，而且簡單明瞭，令人容易記住。不過李先生只是提出了「四不架構」，並未對謬誤作全面性的分類，以下只是我用「四不架構」對常見的謬誤作出分類，未必符合李先生的原意。

四不架構

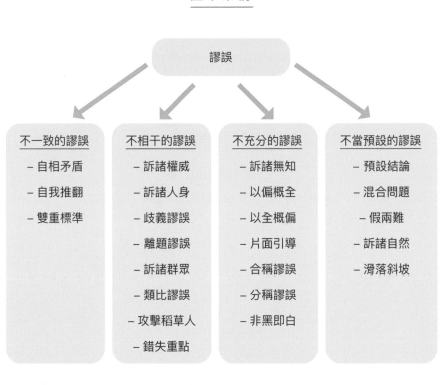

28 人身攻擊

為甚麼立場不同就無法溝通和討論呢？
因為人的立場取決於他所處的位置及其利益。
甲
乙
馬克思主張社會主義不就是背離其階級和利益嗎？
凡事總有例外嘛！
甲
乙

人身攻擊屬於不相干的謬誤，那是透過攻擊對手的人身因素，當作是攻擊他的論點，例如：「他的動機不好，所以他的話一定是假的。」一般來說，人身因素跟其言論是否正確是不相干的。人身因素有很多，包括動機、地位、階級、職業、種族、性別等等，最常見的還是攻擊他人的動機，可稱之為「動機論」，例如所謂「別有用心」、「心懷不軌」、「陰謀論」等等，意圖是一回事，所說的話是否成立又是另一回事。很有趣，人很自然就會這樣思考，我發現一個只有七歲的小孩跟人爭論時就已「懂得」人身攻擊，一旦開始了人身攻擊就會演變成謾罵，這就是為甚麼我認為人身攻擊是最粗鄙和本能性的謬誤，如果有所謂「謬誤龍虎榜」的話，那麼人身攻擊一定會長居榜首。

只要看看網上的爭論，很容易就會扯到雙方的動機或身份，例如網上一位名嘴支持同性戀合法化，反駁的人並沒有理會他提出來的理據，只是一味攻擊他的身份和立場，又批評其動機，質疑他這樣說只不過是為了吸引人收聽其節目，增加收益。這種只問立場或動機，不問是非對錯的做法損害了理性討論。而容易訴諸動機是因為我們有時會混淆「理由」和「原因」，比如「為甚麼他這樣說？」這個問題是有歧義的，既可以是「問他這樣說的理由」，也可以是「問他這樣說的原因」，而動機是屬於原因，跟理由不同。正如上面的例子，即使人的立場大都受其位置或利益所決定，但這只是原因，並不是理由，他的立場是否成立還是可以獨立討論。

人身攻擊的還有一個常見版本，就是「你有甚麼資格批評」，不妨稱之為「資格論」，跟「動機論」一樣普遍，例如：「你既然不懂得寫武俠小說，怎麼有資格批評金庸的小說不好。」又例如：「你足球踢得這樣差，怎可當足球評述員呢？」那麼，是否畫畫要好過達文西才可以評論其作品呢？由此看來，耶穌的名句「你們當中誰沒有罪，就可以拿石頭打她」也有犯人身攻擊謬誤之嫌。

除了動機和資格之外，訴諸人身的另一個常見版本就是「你也這樣做」，英文稱為 You too argument，由對方也這樣做或這樣說，推論出對方對我的批評同樣不成立，用來合理化自己的說法或行為。例如有一次警方為驅散示威者，首度在地鐵站發射催淚彈，事後在記者會上，記者質疑此舉會危及在場的地鐵職員和市民，而警方發言人說示威者也使用彈珠攻擊警察，一樣會危及地鐵職員和市民。但這種辯解是無力的，因為既然對方這樣做是不對，為甚麼你又可以這樣做呢？況且身為警察，更有責任保護在場市民的安全。這種「你也這樣做」的說法其實是詭辯，目的就是為了避開責難。

人身攻擊的謬誤

謬誤	性質	常用手法
人身攻擊	錯誤的推論，因為前提跟結論不相干	攻擊對手的動機不良
		攻擊對手的資格
		攻擊對手的品德差
		攻擊對手的背景
		攻擊對手也這樣做

對於辨別人身攻擊的謬誤，有幾點需要注意的。第一，訴諸人身因素不一定是攻擊對方，也可以是人身讚美，例如：「他的品德好，所以他說的話一定是真的。」傳統中國藝術評論就經常出現這樣的謬誤，由人的品德推論出作品的好壞，此所謂「人品既高，畫不得不高」，從這個角度看，把人身攻擊改稱為「訴諸人身」較好；當然，大部分情況都還是人身攻擊。對應人身攻擊的謬誤，中國人也有類似的說法，那就是因人廢言，這是來自孔子的名句：「君子不以言舉人，不以人廢言。」意思是君子不會因為一個人說的話好，便舉薦他；也不會因為一個人的品德差，就不把他說的話當一回事。

第二，若結論是跟對方的品格或意圖等人身因素有關係時，訴諸人身就不是謬誤了，因為前提和結論有相干性，例如「他的說話不可信，因為他經常說謊。」律師在法庭上質疑證人口供的可信性，也往往攻擊證人的品格。第三，我們需要將純粹的人身攻擊，跟人身攻擊的謬誤區分出來，例如「他瘦得很，像一隻猴子般醜陋！」這是人身攻擊，而「他瘦得很，像一隻猴子般醜陋！所以他的話一定不可信。」這是人身攻擊的謬誤。前者只是嘲笑其人身因素，並非論證，後者才是錯誤的推論。至於不是謬誤的人身攻擊有沒有問題，那就要看攻擊甚麼及有沒有理據，嘲笑一個人的身形可能不好；但如果那人真的品德很差，那批評他品德差又有甚麼問題呢？

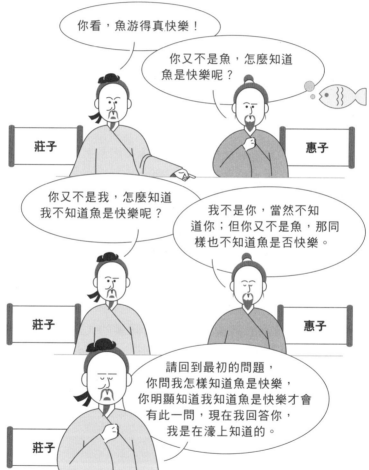

圖說實用邏輯學

上頁漫畫是著名的濠梁之辯，乃先秦諸子的一個著名論辯，莊子其實是轉移了論題，因為最初惠施問莊子「怎麼知道魚是快樂？」這其實是質問，換言之，惠施認為莊子是「不知道魚的快樂」，理由是「莊子不是魚」，而接着的論辯就是由這個論題展開；但後來莊子被惠施迫到無所辯駁，就將「莊子知不知道魚的快樂？」這個論題偷換為「莊子何時知道魚的快樂？」

轉移視線即是離題，屬於不相干的謬誤，指在討論的場合中，論者有意或者不自覺地改變了論題。為甚麼要離題呢？通常有兩種情況，一種是避開自己不能回答的問題，另一種是迴避對手的批評。例如在一個有關法例修訂的討論中，有贊成修訂的人批評反對者是為了個人利益，其實這已經離了題，因為我們應該針對贊成或反對修訂的理據作出討論，反對者的動機或原因在這裏是跟討論不相干的。當然，我不是說完全不需要理會反對者的動機或原因，當我們討論的是「為甚麼有人反對條例修訂？」這個問題時，反對者的動機就是相干的。由此可見，人身攻擊其實是一種常見的離題手法，例如有人說：「他之所以批評我，其實是別有用心，意圖不軌。」這是用攻擊對方的人身因素來轉移視線，政治人物在選舉前被揭發了黑材料後，就經常用這一招，可謂屢見不鮮，指摘揭發者是意圖不軌，將論題轉向陰謀論，避開黑材料的攻擊。

避開對方攻擊的另一個離題手法是將自己的論點縮小，例如當我提出鬼神存在的證據都被駁倒時，我還可以這樣說：「無論如何，你

不可以否定有鬼神存在的可能性。」原本我的論點是「有鬼神存在」，縮小論點後就變成「有鬼神存在的可能」。這種改變一般人不容易察覺，需要有語理分析的警覺性，由「事實上如此」偷換為「有可能如此」就是離題，由於只是改變一些，所以不容易察覺。

離題之所以稱為偷換論題，就是離題必須偷偷地進行，以免被人發現，正如前面所講，離題通常會使用某些方法，令對手不易察覺，除了透過質疑對手的動機來轉移視線，以及縮小自己的論點迴避攻擊之外，政治人物常用的離題的手法還有兩個，一是「不回答假設性問題」，例如記者問：「若示威進一步升級，政府會怎樣處理呢？」政府官員說：「這是假設性問題，不作回答。」奇怪的是，當這些官員還未正式上任時，是很樂意回答假設性問題，他們總會說：「如果我當選或上任之後，就會這樣做或那樣做。」為甚麼「假設性問題」就有充分的理由不回答呢？這必須加以說明，否則就是迴避問題。政治人物另一個常用的離題手法是「不評論個別事件」，但其實事件是否個別或普遍，跟有沒有責任處理或作出評論根本是兩回事。

離題不一定是避開對手的攻擊，也可以主動進攻，那就是透過扭曲對手的論點進行攻擊，例如網上有名嘴表示，了解為甚麼同性戀者要爭取權益，於是有人批評他鼓吹同性戀；但是，了解一個人做事的原因，並不等於支持他做這件事，這是將「了解某種主張」偷換為「支持這種主張」，然後攻擊這個被扭曲的觀點，就好像豎立了一個稻草人，然後將它打倒一樣，所以又稱為「攻擊稻草人」。有些書會將攻擊稻草人謬誤獨立出來，有別於離題。

離題謬誤

謬誤	分類	手法			
離題	屬非推論的謬誤	直接離題		不回答假設性問題	政治人物常用
				不評論個別事件	
		避開對手的攻擊	改變自己的論點	縮小自己的論點	
			轉換話題	說故事	
	錯誤的推論	攻擊對手	扭曲對手的論點	擴大對手的論點	
				利用歧義	

著名武俠小說家金庸辭世後不久，本地一名才子提出了幾個標準來評論金庸武俠小說並非偉大的文學作品，引起不少金庸迷的反感，紛紛提出批評；可是這些反駁其實都沒有針對才子的論證，全部都是攻擊稻草人的謬誤，例如有人指出得過諾貝爾獎的小說也不符合這些標準，但才子並沒有用諾貝爾獎作為標準，我們可以將才子的論證陳構如下：「偉大的文學作品要符合某三個標準，金庸的武俠小說並不符合這些標準；因此，金庸的武俠小說並非偉大的作品。」這是一個對確論證，要攻擊這個論證就必須攻擊它的前提，提出理由反駁第一個前提「偉大的文學作品要符合某三個標準」，或者攻擊第二個前提「金庸的武俠小說並不符合這些標準」。

圖說實用邏輯學

父親：今晚我們去大 XX 餐廳吃飯。

兒子：為甚麼呢？

父親：因為好多人都去，不要「蝕底」！

上頁漫畫是訴諸群眾謬誤的常見版本，由於多數人認為如此，推論出事實是這樣或必須這樣做，這正是羊群心理，欠缺個人分析和判斷。用中國人的說法，訴諸群眾即是人云亦云，這句話是演變自蘇軾的詩句「陶云吾亦云」，陶是指陶淵明，意思是「我也跟從陶淵明的說法」，後來引申來形容那些沒有獨立思考，只會盲從附和的人。比起別的文化，中國人社會的人云亦云情況特別嚴重，有人形容中國人是「一窩蜂」的民族，這比人云亦云更嚴重和複雜，其中包含了「怕蝕底」、「八卦」和「自卑」等複雜心理。

又例如：「多數人認為安樂死是錯誤的，因此安樂死是錯誤的。」很明顯，多數人認為對的未必是對，多數人認為真的也不一定是真。然而，訴諸群眾有很強的心理成因，基於人要互相合作才可以生存，合群是人的天性，而且我們也希望得到別人的認同、接受、喜愛或尊重，這就是容易犯訴諸群眾謬誤的原因之一。

訴諸群眾也是一個常用來合理化自己行為的藉口，例如：「這樣做有甚麼不對？人人都是這樣做！」訴諸群眾又是一種說服的方式，用於政治和商業宣傳，即是利用群眾或同輩的壓力，令你接受某種主張，例如：「好朋友應該互相支持，我們大家都支持 A 政黨，你也應該跟我們一樣才對。」

在謬誤的分類上，訴諸群眾屬於不相干的謬誤；要注意的是，並不是任何情況下訴諸群眾都是謬誤，如果結論跟前提有相干性的話，

那就不算謬誤，比如訴諸人的直接經驗，例如：「UFO 是存在的，因為昨晚在西貢有多達兩萬人都看到 UFO。」情況等同訴諸權威的謬誤，不是說任何情況訴諸權威都是謬誤，如果權威是相干的，那就不是謬誤。又例如民主制度，雖然是訴諸多數決，但並不算是訴諸群眾的謬誤，因為民主只是一套有關公眾事務的決策程序，以多數人的意見為依歸，並沒有保證所得的決定一定是對的；還有，投票只是民主政治的其中一部分，投票之前還有充分的議論，遇到專業的問題，也可以請教專家的意見，而且民主包含了人權和法治，那就可盡量將錯誤減到最低。陪審團制度亦一樣，陪審團是由普通市民組成，法官只是引導他們作出判斷，以普通市民的意見為判決的依歸，目的就是要反映一般人對事件的看法，所以其前提跟結論有相干性。

訴諸群眾的謬誤也可以分為直接和間接兩種，直接的訴諸群眾通常是引起群眾的情緒反應，很多政治人物都會刻意挑動群眾情緒，令他們支持自己的主張，但實際上並沒有提出任何理據。例如：「你看！B 政黨只是為反對而反對，正是有破壞無建設，對社會毫無貢獻。」希特拉之所以得勢，其中一個原因就是善於挑動德國人仇恨猶太人的情緒；當然，我並不是完全否定群眾的情緒，演說家也可以情理兼備，如美國前總統奧巴馬，但我們首要關注的是言論的理據何在。

間接訴諸群眾則有多種手法，前面所講的人云亦云就是其中之一，另外還有兩種，一是利用人的自尊心，令當事人接受某種主張，例如：「這是懦夫的行為，你是懦夫嗎？所以別這樣做。」另一種是

利用人的虛榮心，產品廣告就最擅長此道，例如：「只有成功人士才可擁有這張超合金信用咭，快來申請吧！」總的來說，間接訴諸群眾的謬誤具有這個模式：「為了得到別人的接受、喜愛或尊重，就要接受某種主張為真。」

正如前面所說，訴諸群眾的心理根源是希望得到別人的認同，有很多人就是為了獲得他人認同而放棄了獨立思考；也可以說，跟獨立思考最勢不兩立的就是訴諸群眾的謬誤，因為獨立即表示特立獨行，不從眾。沒有學習過思考方法但又強調獨立思考的人，有可能犯其他謬誤，但應該不會犯訴諸群眾的謬誤。

訴諸群眾謬誤

謬誤	性質	分類	手法
訴諸群眾	錯誤的推論，因為前提跟結論不相干	直接	引起群眾的情緒反應
		間接	群眾壓力
			自尊心
			虛榮心

很多講邏輯或思考方法的書都沒有收錄「錯失重點」這種謬誤，原因可能是在判定上有一定的困難，而且容易跟「離題」或「攻擊稻草人」混淆。錯失重點屬於不相干的謬誤，我們誤以為前提可以支持結論，但其實前提支持的是另一個結論。例如：「香港近年的罪案增加了不少，為了打擊罪案；所以，我們一定要恢復死刑。」前提「香港近年的罪案增加了不少」只能支持「加重刑罰」，但不能支持「恢復死刑」這個結論。又例如：「兩元乘車優惠的濫用情況十分嚴重，為了免被濫用；所以，我們要取消兩元乘車優惠。」前提「兩元乘車優惠的濫用情況十分嚴重」只能推論出「制定防止濫用的措施如增加抽查」，但得不出「取消兩元乘車優惠」這個結論。

為甚麼我們會犯上錯失重點的謬誤呢？通常是因為把握不到前提和結論的邏輯關係，而只是在心理上將兩者聯繫在一起，正如以上的例子，「兩元乘車優惠的濫用情況十分嚴重」和「取消兩元乘車優惠」兩者都涉及兩元乘車優惠，也可以說是有關係，但並非邏輯上的支持關係，思考能力不足的人，看到兩者有共同之處，就可能會把它們關聯在一起，以為有推論關係。

有時我們討論一個論題，可能會走得太遠，還以為跟原來的論題保持着邏輯上的關連；這也是為甚麼我們會將「錯失重點」和「離題」混淆的原因，因為錯失重點也可以解釋為離題。不過，在這裏我將「離題」定義為離開了原來的論題，出現了新的論題；而「錯失重

點」則仍保留原有的論題，只是提出來的理據已經遠離了論題。我建議在討論了一個議題一定的時間後，最好整理一下大家的論證，檢視所講的跟原有論題的相干性。要避免犯上錯失重點或離題謬誤，除了要有語理分析的自覺性之外，也需要有自我反省的能力。

錯失重點這個謬誤有點特別，就是幾乎其他不相干的謬誤都可以解釋為錯失重點，例如：「他是一個壞人，所以他說的話是錯的。」很明顯，這是人身攻擊的謬誤，但我們也可以將它解釋為錯失重點，「他是一個壞人」可以支持「他值得被譴責」，但推論不出「他說的話是錯的」。又例如：「大部分人認為同性戀是不道德的；因此，同性戀是不道德的。」這也很明顯是訴諸群眾的謬誤，但亦可以解釋為錯失重點，「大部分人認為同性戀是不道德的」可以支持「大部分人反對同性婚姻合法化」，但推論不出「同性戀是不道德的」。

有見及此，當我們遇上前提跟結論不相干的論證時，先看看它可不可以歸入其他不相干的謬誤，如果不可以的話，才歸入錯失重點；不過，如此一來，錯失重點就變成了不能歸類謬誤的收容所，有時亦未必恰當。

另外，「錯失重點」也容易跟「攻擊稻草人」混淆。攻擊稻草人是扭曲了原來的論點，然後攻擊之；但錯失重點並沒有扭曲原來的論點，只是前提不能支持它。舉個例，甲說：「我們不要歧視同性戀。」乙反駁甲說：「你即是主張人成為同性戀者，太荒謬了！」在這裏，乙將甲的論點「我們不要歧視同性戀」扭曲為「主張我們

成為同性戀者」，然後攻擊這個被扭曲的論點。

再多舉一個例子，甲說：「不要歧視同性戀者；因此，我們要成為同性戀者。」這是錯失重點，「不要歧視同性戀者」可以支持「不應該用厭惡的態度對待同性戀者」，但推論不出「我們要成為同性戀者」。

錯失重點 VS 攻擊稻草人

錯失重點	沒有改變論點，只是前提不能支持這個論點，反而支持另一個論點
攻擊稻草人	改變對手的論點，然後攻擊這個被改變了的論點，概念扭曲是一種常用來改變論點的手法

除了形式謬誤之外，訴諸無知的謬誤也具有明確的形式，那就是「沒有證據證明 A 成立，因此 A 不成立」或「沒有證據證明 A 不成立，因此 A 成立」。不過，甚麼算是證據，甚麼不算是證據，在不同領域有不同的標準，而且也可能有爭議，後面會討論。另外，我認為訴諸無知這兩條公式並非對稱，比如說，「沒有證據證明甲沒有偷這東西；因此，甲偷了這東西」，這明顯是錯誤的推論；但「沒有證據證明甲有偷這東西；因此，甲沒有偷這東西」，這似乎有點合理性，當然，有可能真是甲偷的，只是我們沒有找到證據而已。在法庭上，由於沒有證據證明疑犯有罪，法官便會判他無罪，背後的原因是法律上假定了所有人都是無罪，直至有證據證明他有罪為止。如果我們用了很長的時間和很多人力物力都找不到甲的犯罪證據，就更有理由相信他是無罪的。要注意的是，「有證據證明他無罪」跟「沒有證據證明他有罪而判他無罪」是不同的，例如「不在場證據」就是證明他無罪的證據。

訴諸無知謬誤的形式

沒有證據證明 A 是真	沒有證據證明 A 是假
A 就是假	A 就是真

不過，有時「沒有證據」可能就是「證據」，所謂「證據」是跟當時的情境脈絡有關。舉個例，在辦公室內，沒有人看見過甲，這個

「沒有證據證明甲上班」就變成了「有證據證明甲沒有上班」。正如前面所講，「證據」在不同領域的標準都不同，科學理論要求的「證據」，其嚴謹程度跟法庭上講的「證據」固然不同；證明外星人存在的「證據」，亦有別於某人是否可信的「證據」。「甚麼是證據？」是知識論的大課題，特別是科學的領域，因為科學最講求證據，甚麼才算是證據？甚麼又不算是證據呢？很大程度是基於科學界的共識，亦並非不可以更改。

舉個例，1997 年美國有一部電影叫做《超時空接觸》（*Contact*），故事講述由金像獎女星茱迪科士打主演的天文學家，利用電波望遠鏡接收到來自天琴座織女星的宇宙信息，經過解讀之後，發現原來這是前往織女星移動裝置的設計圖；於是地球組成了審核委員會，負責選出前往織女星的代表，原本是首選的女主角被問到是否信仰神時，她卻回答：「我無法相信沒有證據的東西。」由於地球上大部分人都信仰某種形式的神，委員會認為若選她的話就會缺乏代表性，因此選了另一位科學家，但這位科學家卻被基督教極端基要者殺害，所以最後還是由女主角前往織女星。那個移動裝置其實是一個高速旋轉的球體，女主角藉此穿過蟲洞到達了織女星，跟外星人接觸。

在地球上，大家並沒有見到這個球體離開，所以認為實驗失敗；不過，攝影機卻錄得球體有一瞬間消失的影像，但這不能證明女主角真的去了織女星。當女主角被問到有甚麼證據證明她跟外星人接觸時，她亦只能回答沒有任何證據，但強調她跟外星人接觸的記憶絕對不是妄想或幻象。有趣的是，最初女主角說她不相信沒有證據的

東西，但後來有了親身體驗後，立場完全逆轉，即使沒有客觀證據的事情也可以是真實的。

其實女主角前往織女星時開啟了錄影裝置，一面講述自己看見的東西，一面進行錄影，回到地球之後，那段錄影只有雜音，卻發現時間竟長達十八小時；換言之，球體在地球消失的一瞬間，就等於女主角前往織女星所經歷的十八小時。雖然說沒有科學上的證據證明女主角去過織女星，但如果我們衡量了所有的資料，包括她的個人經歷、球體有一刻曾消失及十八小時的錄影紀錄，那麼，假設她到過織女星也算是合理的解釋。

由於科學最講求證據，所以訴諸無知的謬誤也跟科學報告特別有緣，我不是說科學報告經常犯這種謬誤，而是有人（可以是科學家）以科學報告作為包裝，用以贊成或反對某種主張，所犯的正是訴諸無知的謬誤。例如：「沒有科學證據證明沙士會爆發；因此，沙士不會爆發。」又例如：「沒有科學證據證明經常使用手提電話會生腦癌；因此，經常使用手提電話不會生腦癌。」以後我們聽到「沒有科學證據證明」這句開場白就要有所警惕，留意是否犯了訴諸無知的謬誤。

由一件東西是黑色，可以推論它不是白色；但由一件東西不是黑色，卻不能推論出它就是白色，因為黑白之間還有其他不同的顏色。很明顯，「非黑即白」是錯誤的推論，由不是一個極端而推論出另一個極端；雖然前提跟結論相干，但不足以支持結論，故歸類為不充分的謬誤。

我們之所以容易犯這種謬誤，其中一個原因是語詞的含混。由於含混語詞的應用範圍很廣，又沒有明確的界線，例如「有錢」和「窮」，於是我們容易由「他不是有錢人」推論出「他是窮人」。當我們對事物作出二分時，必須留意兩者之間有沒有程度之分，比如說，將論證分為「對確」和「不對確」，區分明確，並沒有中間型態，如果論證不是對確，那就是不對；但如果將論證分為「強」和「弱」的話，強弱之間可以有不同的程度，那就要小心有沒有犯非黑即白的謬誤。

另一個令我們容易犯上非黑即白謬誤的原因是憤怒情緒，當我們處於憤怒的狀態，就特別容易由不是一個極端，走到另一個極端。例如媽媽花了很多時間煲湯給你飲，誰知你嫌湯太熱，媽媽就會起火說：「那麼你以後飲涼的好了。」

又如漫畫中的例子，李先生跟太太逛街，看到一位美女，忍不住對太太說：「那個女子真美！」這個時候太太立刻火光間：「即是說

我不美嗎？」幸好受過「思方學」訓練的李先生臨危不亂地回應：
「那個女子美並不表示你不美，她美，你也美，並且你比她更美。」
太太除了憤怒之外，也有嫉妒情緒，將自己跟那位女子對立起來，
產生了「不是你美，就是我漂亮」的二分思維；但嚴格來說，這不
是真正的「非黑即白」，因兩者並不排斥。

有人會將「非黑即白」跟「訴諸無知」混淆，兩者同屬不充分的謬
誤，訴諸無知的謬誤上一篇已討論過，或許用相若的例子容易顯示
出兩者的分別，由於沒有證據證明某東西是白色，就推論出它不是
白色，這是訴諸無知的謬誤，要注意的是，「是白色」和「不是白
色」兩者是沒有中間型態；由於某東西不是白色，而推論出它是黑
色，這就是非黑即白的謬誤，「黑色」和「白色」之間還有其他不
同的顏色。

另外，「非黑即白」跟「假兩難」也很相似，我將假兩難歸類為不
當預設的謬誤，是前提有不當的預設。假兩難可以陳構成對確論
證，例如：「升讀大學或者做乞兒，你不能升讀大學；因此，你要
做乞兒。」其論證形式為「A 或者 B，非 A；因此，B」，這個論
證形式是對確的，問題是「升讀大學或者做乞兒」這兩個選項既非
排斥，亦非窮盡，當然，你可以說能夠讀大學，將來會做乞兒的機
會很微；但讀不了大學，也不一定會做乞兒，亦不會有很高的機會
做乞兒，這個兩難並非真兩難。真兩難是兩個選項在當時的情況
下，既排斥又窮盡；而假兩難的兩個選項是不排斥或是不窮盡。

從這個角度看，非黑即白也可以轉變成假兩難，只要加入一個選言

圖說實用邏輯學

命題，例如：「這東西是黑色或是白色，它不是黑色；因此，它是白色。」但假兩難卻不一定是非黑即白，就以美國前總統喬治布殊的名句「若你不做拉登的敵人，那就是美國的敵人」為例，拉登敵人和美國敵人並非窮盡，因為我既可以選擇不做美國敵人，也不做拉登敵人；而兩者也不排斥，因為我既可以做拉登的敵人，也可以做美國的敵人。但在非黑即白中，兩個選項一定是排斥的，只是不窮盡。

非黑即白背後是一種過分簡化的二分思維，正如小時候我們看電視劇，總要分出好人和壞人一樣，這也是一種走極端的思想，一個文化太多這樣的二分思維，其實是很危險的，例如「不是你死，就是我亡」、「順我者昌，逆我者亡」、「勝者為王，敗者為寇」、「寧為玉碎，不作瓦全」等等。

導致非黑即白的原因

語詞的含混	由於含混的應用範圍很廣，容易產生這種謬誤
憤怒的情緒	將我們由不是一個極端，帶到另一個極端
二分的思考模式	沒有考慮兩者之間有不同的可能性

康德倫理學有一個主要缺點，就是不能解決義務衝突的問題，假設在二戰時，納粹黨問你猶太人在哪裏時，如果你說真話，這些猶太人就會遭到殺害；但如果要拯救這些猶太人，你就得說謊。換言之，你會碰到兩個義務的衝突，一個是「拯救人的生命」，另一個是「說真話」。

從常識的角度，當然是前者比後者重要，為了救人，說謊並沒有問題；但由於理論上的局限，康德倫理學解決不了這種兩難。不過，其實康德自有其解決方法，那就是只說部分真話，例如說「猶太人昨天在北面」，但不說出「猶太人今天在南面」的真相，造成誤導，這樣你就既沒有說謊，又可以救人，沒有違反義務。

故意誤導算不算是不道德呢？如果不算的話，那麼廣告只介紹產品的優點，隱瞞其缺點亦沒有問題了；但我認為這正是犯了片面引導的謬誤，難怪在法庭上作供前要宣誓說：「所講的是真相，並且是真相的全部。」

除了廣告之外，「平均數」也容易產生片面引導，無論講者是否有意誤導，在〈概率思考〉那一篇已經談過此問題。一個經典例子就是「科大超支」事件，當年在立法會上有人質疑興建科大的工程超支，為此辯護的官員說超支其實不算嚴重，因為科大平均每平方呎的建築費用跟城大差不多；但問題是，科大的空曠地方比城大多，

而這些地方的建築成本其實很低，隱瞞了這個重要信息，單看數字的話，就會有科大超支不算嚴重的錯覺。

又例如在計算平均收入時，假如用了「平均數」來計算，那就會令貧窮問題看起來不算嚴重，因為即使在一個普遍貧窮的社會，也有不少富翁；應該採用「中位數」才能反映貧窮問題的真相。隱瞞基數是另一個造成誤導的方法，例如說成績進步了一倍，實情是上次考試只有十分，今次也不過是二十分。

看來有些領域是免不了會出現片面引導，例如廣告宣傳之類；那麼見工面試又如何呢？面試的作用是找合適的人來處理工作，照理應該愈反映真相愈好；但問題是，如果面試時問你有甚麼缺點時，你會如實作答嗎？問你為甚麼想做這份工作時，你又會否講出真正的原因？即使沒有說謊，看來面試也少不了隱瞞誤導。

片面引導的常見領域

廣告	為了吸引顧客購買產品，隱瞞產品的缺點或不足
統計	跟平均數的使用有關，平均數無可避免會遺漏一些重要信息
面試	目的是為了獲取錄，隱瞞不利的信息有助成功

也許有人會說，我們所知有限，根本掌握不到全部真相；那麼，因片面而產生的誤導實在所難免。這固然有些道理，但對於那些有意

隱瞞的誤導，還是可以說是犯了片面引導的謬誤。

此外，有人或者會將「片面引導」和「以偏概全」混淆，在分類上，兩者同屬不充分的謬誤，前提跟結論相干，但不足以支持結論，因為有所偏，不夠全面；但兩者有一個明顯的分別，以偏概全是統計性推論，片面引導並不是統計性推論。想避免犯上片面引導的謬誤，我們只能盡量全面地認識有關的議題，因為片面引導跟因果謬誤一樣，都跟我們的知識有關；也可以說，對相關議題的知識愈多，也就愈少機會干犯片面引導的謬誤和因果謬誤。

35 / 訴諸自然

圖說實用邏輯學

144

不少人就像上面漫畫中的那位父親，主張凡是合乎自然的東西都是好的，違反自然的都是不好的；所以基因改造食物就一定有害，因為大自然不會出現動物和植物的基因混合。但基因改造食物就真的有害嗎？其實現在我們吃的粟米和番茄，很多都是經過基因改造，所以又大又甜，產量又多；相反，天然食物就一定沒有問題嗎？試想喝了未經消毒的牛奶會有甚麼後果。

有時違反自然也表示違反道德，很多反對自殺、安樂死、同性戀的人都會把「違反自然」視為「理由」，例如：「安樂死違反自然；因此，安樂死是不道德的。」這個論證隱藏了一個有爭議的前提，那就是「違反自然是不道德」，但為甚麼不自然就一定是不道德呢？似乎從來沒有人說明清楚。我認為以「合乎自然」或「違反自然」為理據的論證，都是犯了訴諸自然的謬誤。要注意的是，不要將這個謬誤跟摩爾的「自然主義謬誤」混淆。

訴諸自然的另一個問題在於，「自然」是一個意義不清的概念，或者它有太多不同的意思，當我們使用時，往往沒有辨別清楚是哪一個意思，也常常引起思考上的混亂。以下讓我們分析一下「自然」的不同意思或用法。首先，自然可以指與生俱來，例如人的本能，跟這個意思對立的是「學習」，比如說人不是天生就懂得計數，我們需要學習才懂得，在這個意思下，自然或不自然都沒有所謂好壞之分。

「自然」的另一個解釋是指自然存在的事物，例如山河大地、飛禽走獸、花果樹木等等，跟人工製造的事物對立，例如建築、產品、醫藥等等。在這個意思下，也不見得不自然的事物就一定是壞的，試想醫藥的重要性，它可以拯救人的生命；但海嘯和地震這些自然事物卻會危害我們的生命。也許我們恐懼的是科技，特別是那些可以毀滅人類的科技，有關科技的問題會在〈科技思考〉那一篇討論。

在魏晉玄學中，有一個「自然與名教」之辨，將兩者看成是對立關係，「自然」大抵是指人的本性或真性情，而「名教」則是禮儀規矩，有人認為儒家講的「名教」會束縛人的本性，損害「自然」。在這個意思下，似乎可以講「合乎自然」是好；「違反自然」則不好，因為它損害了人的本性，亦即是那不造作的活潑心靈。

「自然」也可以指大自然，相對於大自然的就是城市，所謂「回歸大自然」，就是回到那種寧靜、悠閒、寫意的鄉郊生活，也許活在這種環境會更合乎人的本性；不過，也有不少人喜歡城市熱鬧、方便和多姿多彩的生活，很難說「自然」就一定是好，可能要看對誰而定。

中國人有一句話叫做「順其自然」，可以了解為不刻意或不強迫的意思，「順其自然」是道家思想的精要，避免太多人為的干預。但這又不表示凡事都應如此，有時強制或人為干預也是必要的，很難一概而論，既要「順其自然」，也要「順其不自然」。由此可見，所謂「自然是好，不自然是不好」這種想法，在中國有着道家思想的根源；至於西方，其思想根源可能就是「自然法」，自然法源於

古希臘，被神學家阿奎那所繼承，影響了整個西方文明。阿奎那就是根據自然法反對自殺，因為求生是人的自然反應，自殺就是不自然。但問題是，當一個人患了重病，生不如死時，想自殺不也是很「自然」嗎？

自然的不同意思

自然	不自然
本能	學習
自然事物	人造事物
人的真性情	禮儀規範
大自然	城市
沒有強迫	強迫

36 / 預設結論

顧名思義，「預設結論」即是預設結論為真，但結論是有待證明的，故把結論預設為真是明顯不妥當的。預設結論可以分為兩種情況，一種是前提跟結論根本就是同一個意思，只是換了些字眼，用另一種方式說出來，例如：「今天之所以很熱，是因為溫度十分高。」又例如：「出生率降低了，這是因為少了嬰兒出生。」

另一種情況是兜了一個圈子，最後還是用結論來證明結論，所以又叫做「循環論證」，例如：「APPLE 是世界上最好的電腦公司，因為它有最好的電腦人才，為甚麼它會有最好的電腦人才呢？因為它有足夠的財力聘請最好的電腦人才，為甚麼它有這樣的財力？因為它是世界上最好的電腦公司。」最終還是用「APPLE 是世界上最好的電腦公司」來支持「APPLE 是世界上最好的電腦公司」，又例如：「畢加索是偉大的藝術家，為甚麼？因為這是出色藝評家的共識，能夠成為出色的藝評家，就一定擁有欣賞畢加索畫作的品味。」

對於第一種情況，我們需要有「語理分析」的警覺性，即留意前提和結論的意思是否相同。政府官員回答記者提問時就很喜歡用這一招，例如有記者問：「為甚麼在行人道上踏單車是犯法呢？」政府官員回答：「因為這種行為違反了法律。」犯法不就是違反法律嗎？對於第二種情況，我們要小心那些長篇大論的文章（或論述），有時兜了一個很大的圈子，可能已經忘記了原來的結論是甚麼，察覺不到是循環論證。

最近我發現竟然有人做出赤裸裸的預設結論，毫無掩飾，某位議員批評示威者是因為收了錢才出來遊行，記者問有甚麼證據，這人竟然回答：「不是收了錢又怎會出來遊行。」這種赤裸裸用結論支持結論的做法，真是令人嘆為觀止！

不過，這裏有一個問題，在邏輯上 A 可以推論出 A，這是對確論證，為甚麼合乎邏輯的推論竟然是謬誤呢？預設結論的問題不在於推論過程，而是預設了前提為真，但這個前提正是結論，明顯是不當預設，這就是為甚麼預設結論會歸類為不當預設謬誤。

在〈評價論證〉這一篇提到，評價論證有兩個步驟，第一步是判定論證的強度，即前提對結論的支持程度，這一步我們也需要檢視有沒有犯上不相干或不充分的謬誤，不相干是指前提跟結論不相干，對結論毫無支持；不充分則是前提雖然跟結論相干，但不能充分支持結論。

第二步是判定前提的真假，這一步我們也需要檢視前提有沒有犯上不一致或不當預設的謬誤，像滑落斜坡、訴諸自然、預設結論和假兩難這些不當預設的謬誤，其實都可以陳構成對確論證，即如果前提為真，結論也一定為真，所以它們的問題不在於論證的強度，而在於前提有不當預設，滑落斜坡預設了「連鎖反應會發生」，訴諸自然預設了「自然是好，不自然是不好」，預設結論預設了「結論是真」，假兩難則預設了「兩個選項既排斥又窮盡」。

根據我教授批判思考的經驗，不少學生會將「預設結論」跟「肯定

圖說實用邏輯學

後項」混淆，正如前面所講，預設結論其實是對確論證，而肯定後項則是形式謬誤，即不對確論證。肯定後項的論證形式是「如果 A 則 B，B；因此，A」，我認為學生是將「如果 A 則 B」這個條件句誤解為推論，由 A 推論出 B，再用 B 推論出 A，所以誤以為這是循環論證，其實只要將「預設結論」和「肯定後項」的形式擺在一起，就會清楚兩者的分別。

預設結論 VS 肯定後項

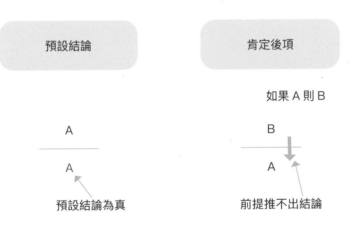

提防謬誤

為甚麼我們會干犯謬誤？

學生

謬誤是避不了的，我們總會犯上謬誤，正如我們會犯錯一樣。

老師

漫畫中的老師正是犯了預設結論謬誤，即結論包含在前提之中，假定了結論為真，於是前提（我們總會犯謬誤）就一定推導出結論（我們會犯謬誤）。要防止犯上謬誤，除了認識謬誤的分類和各種謬誤的特性之外，了解謬誤背後的心理成因及謬誤常見的領域也很有幫助。

謬誤在不同領域的分佈亦很有趣，某些領域特別容易出現某種謬誤，比如說政府官員最容易犯的就是離題謬誤，也許這是他們工作的必備技能；在問卷調查中常見的謬誤是混合問題；統計數字方面，最要提防的是片面引導的謬誤；面對科學研究報告則要小心訴諸無知的謬誤；最多出現在廣告宣傳的是訴諸群眾的謬誤。

認識謬誤的心理成因對我們有很大警惕作用。心理上我們傾向注重前提的真假，忽略前提和結論的邏輯關係，這就容易犯上不相干的謬誤。訴諸權威的心理根源是依賴性和服從性；人身攻擊則有着攻擊性的本能根源；訴諸群眾的心理根源是合群性和渴望他人認同；以偏概全的成因是懶於求證和印證偏誤；類比謬誤的一個成因是將類比解釋當作類比推論，有時我們聽到一個有趣生動的比喻，就會傾向接受這個論點；在憤怒的情緒狀態之下，我們也最容易犯非黑即白的謬誤，由不是這一個極端推論出另一個極端。據我估計，最常見的謬誤有五種，分別是「人身攻擊」、「訴諸群眾」、「偷換論題」、「片面引導」和「訴諸自然」，可稱之為五大謬誤。

五類常見謬誤的出現領域及心理成因

謬誤	所屬類別	經常出現的領域	心理成因
偷換論題	不相干	官員言論	避免犯錯，推卸責任
片面引導	不充分	統計數字	數字不會騙人
訴諸群眾	不相干	廣告宣傳	渴求他人認同
人身攻擊	不相干	爭辯之時	攻擊本能
訴諸自然	不當預設	道德問題	厭惡不自然

在〈謬誤定義〉那一篇的謬誤分類架構中，我們列舉了二十多種謬誤，但謬誤的數目其實遠高於此，而且是千變萬化的，不斷有「新品種」出現，但無論謬誤怎樣演變，也走不出「四不架構」的範圍，所以好好掌握這個分類架構，對我們判定謬誤有很大的幫助。有些謬誤容易判定，有些則比較難，一般來說，形式謬誤比非形式謬誤容易判定，只要我們能夠辨認出不對確的論證形式就可以了，例如肯定後項和否定前項的謬誤。至於非形式謬誤，由於涉及內容，判定上較為困難；不過，相對來說，像訴諸無知、訴諸人身和非黑即白等謬誤其實不難判定，以訴諸無知為例，由於它具有這樣的公式：「沒有證據證明 X 是真／假，因此，X 是假／真」，在辨認上並不困難。

至於有爭議性的謬誤則首推雙重標準的謬誤，雙重標準可以這樣界

定：「對於同類的事物有不同的對待，但沒有給出充分的理由，導致不公平或傷害。」關鍵在於不同的對待有沒有充分的理由，而是否充分往往就是爭議所在，而且容易跟自相矛盾混淆，比如說有時政府某些做法的根據是國際法，而另一些做法卻不依循國際法，當有人質疑這是雙重標準時，政府就訴諸本土的特殊性；但其實政府需要說明清楚所謂「特殊性」是甚麼，或者為甚麼國際法在這裏「不適用」，否則就會給人一個印象，當國際法對政府有利時，就依其行事；當國際法不利於政府時，就說它不合符本土情況。

另一個常引起爭議的謬誤是滑落斜坡，簡單來說，一旦接受了某個前提，就會像滑落斜坡般到達一個荒謬的結論，當中涉及連鎖反應的機會率，發生機會很低才算是謬誤；判斷的時候就要依靠我們的知識和經驗，也可以這樣說，對有關事物的知識和經驗愈豐富，判斷也愈可靠。社會性事件比較難判斷，因為涉及的變數太多，除非連鎖反應明顯是不可能出現，例如：「同性婚姻不可以合法化，因為一旦合法，下一步就會是人和動物婚姻合法化，再下一步就是人和植物婚姻合法化，最後就連人和死物婚姻都會合法化。」

有些謬誤之所以難以判定，在於大家對當時的脈絡有不同解讀，例如混合問題就是這樣，混合問題是指問題混入了不適當預設，但由於對話雙方各有自身的背景和習慣，他們對「何謂適當預設」的解讀可能存有差異，舉個例，某些地方的人並沒有吃早餐的習慣，如果問他們「早上吃了甚麼？」這就是混合問題了。

詭辯之術

詭辯多是騙人的推論，很自然謬誤就會成為詭辯的工具，因為大部分謬誤都是似是而非的推論。無獨有偶，中西方的詭辯都出現在思想初生的階段。西方的詭辯源於古希臘的「詭智學派」，詭智學派以教授辯論術為生，當時雅典奉行民主政治，需要辯論和演說的技巧，可惜詭智學派的辯論術以取勝為目的，並不是為了追求真理，那就少不免有詭辯的成分。中國的詭辯則源於春秋戰國的名家，當時戰爭頻繁，結盟外交關乎國家存亡，所以極需要能言善辯之士進行遊說，名家研究的正是名辯之學，可惜名家亦愛玩弄概念，顛倒是非，製造怪論，實為詭辯之士。

古希臘哲學家普羅達歌拉是詭智學派的代表人物，以教授辯論之術為生。他跟一個學生約定，如果學成之後打官司勝訴就要交學費，但學生畢業後一直沒有打官司，也沒有交學費，於是他告上法庭，作了以下的論證：「如果法庭判我勝訴則學生要交學費（依據法庭判決），如果法庭判學生勝訴則學生要交學費（依據我和學生的合約），我勝訴或者學生勝訴；因此，學生要交學費。」學生不甘示弱，也作了類似的論證：「如果法庭判我勝訴則我不需要交學費（依據法庭判決），如果法庭判老師勝訴，則我不需要交學費（依據我和老師的合約），我勝訴或者老師勝訴；因此，我不需要交學費。」這兩個論證都是對確的，但兩個結論卻是互相矛盾，問題一定出於前提，無論是老師或學生所講的兩個假言命題，都不能同時成立，以老師的論證為例，「如果法庭判我勝訴則學生要交學費」這是訴諸法庭的判決為標準，但「如果法庭判學生勝訴則學生要交學費」

則訴諸他跟學生的合約為標準，其實雙方都是犯了「雙重標準」的謬誤。

中國古代名家的始祖鄧析，也是以教授辯論術為生，而他最出名的辯論術就是「兩可之辭」，「兩可」的意思就是兩邊都可以。有一次鄭國發生水災，一個富翁浸死了，屍體被某人撈到，於是這人就向富翁的家人索錢，才交還屍體。富翁的家人找鄧析想辦法，鄧析對他們說：「不用急，因為屍體只能賣給你們。」富翁的家人聽了之後，就很放心；但輪到撈屍人着急了，又請教鄧析，鄧析也跟他說：「不用急，因為他們只能向你買屍體。」鄧析憑着兩可之辭，在訴訟中無往而不利，例如「唱無過」，一個犯罪案件有主犯和從犯，主犯稱為唱的一方，從犯則為和的一方，鄧析也是利用兩可之辭，為他們脫罪，他幫主犯打官司時說，主犯沒有親手作案，所以無罪；幫從犯打官司時卻說，從犯是被指使而作案，所以無罪。

自亞里士多德創立「邏輯學」以來，西方就開啟了對邏輯的研究，其中包括了辨析謬誤。亞氏《工具論》一書中的〈辨謬篇〉是專論謬誤的，而〈前分析篇〉則討論形式謬誤；另外，他的《修辭學》也探討了演說方面的謬誤。後來叔本華對亞里士多德有關謬誤的論說加以整理，得出三十八種詭辯的技巧，部分跟我們這裏講的謬誤有關。例如對方的論證很難攻破，那就攻擊其動機，一般人對動機不良都會反感，那就可得到群眾的支持，這就是「人身攻擊謬誤」。又例如對方所使用的字詞有歧義，那就可混淆字詞的意思，扭曲其論點而攻擊之，這就是「攻擊稻草人謬誤」。叔本華提到一種詭辯的技巧，但不算是謬誤，只是利用人性的弱點來取勝，比較像中國

圖說實用邏輯學

古代法家講的「術」，可以理解為一些操控人的方法，例如在辯論的時候，藉機激怒對方，讓對方犯錯。相傳中國古代思想家鬼谷子也教授了不少遊說和談判的技巧，比如說，因為人在高興或恐懼之際容易吐露真正的說法，那我們就要抓住時機，令對方更高興或更恐懼，從而捕捉實情。

叔本華整理的詭辯技巧（摘錄）

第 1 種：擴張	有點像以偏概全的謬誤
第 2 種：利用歧義	混淆字詞的不同意思，即概念混淆
第 3 種：絕對化	強化對手的主張後攻擊之，即攻擊稻草人的謬誤
第 18 種：中斷討論	當討論對自己不利時轉移話題，即是離題謬誤
第 22 種：循環論證	用結論支持結論，論證一定成立，這是預設結論的謬誤
第 30 種：訴諸權威	利用權威來增強說服力，有可能是訴諸權威的謬誤，因為所引用的權威未必相干
第 34 種：針對弱點	洞悉對手的弱點，集中攻擊，未必是謬誤，是取勝的一種技巧
第 36 種：廢話	用沒有內容的言辭來假裝說話很有道理，這是言辭空廢
第 38 種：人身攻擊	借攻擊對手的人身因素來取勝，正是人身攻擊的謬誤

39 / 認知偏誤

圖說實用邏輯學

近年在教授思考方法的課程中，不少講者都加入了「認知偏誤」的內容，認知偏誤可以理解為形成偏見的錯誤認知模式，但若以此為定義的話，很多謬誤都可以歸類為認知偏誤。為了明確地區分兩者，我將謬誤定義為「錯誤的思維方式」，而認知偏誤則涉及心理因素，錯誤認知或偏見的形成是源於深層的心理認知模式。

不過，有時謬誤和認知偏誤會有重疊之處。比如說，「以偏概全」是一種謬誤，通常有三種情況，第一種是樣本的數量不足；第二種是樣本並不是隨機得來，缺乏代表性；第三種則是有已知遺漏。我們容易犯上以偏概全謬誤，有可能是認知偏誤所致。例如你身邊認識的人有不少都是大學畢業並且收入不錯，於是你就得出「讀大學，將來就會有不錯的收入」這個結論；但問題是，你只不過是根據一些容易取得的現成例證來推論，這就是「現成偏誤」。

又例如，我只收集一些符合自己主張的例證或數據，自覺或不自覺地忽略反面的證據，這就是「確認偏誤」。還有一種偏誤叫做「存活者偏誤」，由於成功的案例容易被認知，以致我們往往高估了做事的成功機會。以上所講的三種偏誤，都有可能是我們犯以偏概全謬誤的心理成因。

其他常見的認知偏誤

沉沒成本偏誤	捨不得已花費的成本，於是維持現狀，結果損失更大 例子：讀了一年醫科，發現對做醫生沒有興趣，但為了不浪費時間而沒有轉讀心儀的學科。
認知失調	心裏存在相左的意見，或是想法與實際的行為矛盾 例子：吃不到的葡萄是酸的。
從眾效應	為了避免不安，以大眾的行為當作模仿對象 例子：大部分人都反對基因改造食物，從眾會比較安心，所以自己也反對。
樂隊花車效應	跟消費和投票這類行為有關，就是跟隨多數人選擇的那一邊 例子：會選擇多數人光顧的食店。
定錨偏誤	我們對於某事物的判斷是基於最初的看法而作出調整，但調整可能有誤，跟事實不符 例子：商人先提高了原價，然後再減價來吸引顧客購買，令顧客有買到平貨的錯覺。
聯想偏誤	估計事物出現的機會跟我們容易想到的例子相關 例子：廣告商擅於利用這種心理，用廣告將商品跟某些正面情緒或價值聯在一起。

其實不少謬誤也有着心理上的成因，例如訴諸群眾的謬誤，「從眾效應」和「樂隊花車效應」這兩種認知偏誤都可以解釋這種謬誤產生的部分原因。至於其他謬誤可否歸類為偏誤，即深層心理的錯誤認知模式，就有賴其他學科的研究，也許連形式謬誤如「肯定後項」和「否定前項」都有着深層的心理成因。

目前對於認知偏誤的研究，主要來自認知科學和社會心理學；換言之，偏誤也可以分為兩大類，例如「確認偏誤」、「現成偏誤」和「存活者偏誤」都是認知科學的範圍。以下我想舉兩個屬於社會心理學範疇的偏誤，一個是「基本歸因錯誤」，另一個是「月暈效應」。

基本歸因錯誤的意思是我們往往過分重視人在某些事件上的影響力，通常聯繫到這個人的性格、能力或其他內在因素；例如將第二次世界大戰的原因歸咎於希特拉這個野心家，忽略了其他外在的客觀因素。有人認為錯誤歸因的背後是為了減輕認知負擔，由於將事件的發生歸因於「人的因素」較容易了解，而眾多的外在客觀因素如經濟和政治則較難掌握；不過，也有人認為這種「人為導向」的認知模式是長年累月的進化產物，歷史上，人類長時間過着狩獵生活，我們必須互相合作才能生存，那些特立獨行的人根本不能生存，這就形成了我們對個人能力和性格過度重視的認知模式。

月暈效應通常是指將個人（或事物）的某些特質作出全面的推廣，例如看見美貌的女子，就推測她也具有其他美好的性質，如善良和能幹。最早提出月暈效應的是美國心理學家桑代克，他的研究指出

個人的特質如樣貌和社會地位會產生正面或負面印象，蓋過其他性質。這跟我們平時講的「第一印象」有關，為甚麼我們常常說第一印象很重要，因為它會決定人怎樣看你，正所謂「先入為主」。

這也是為甚麼廣告會起用影視明星或運動明星當代言，即使他們跟所賣的商品毫無關係，因為月暈效應，他們的受歡迎會擴散到商品上。過往多數用「訴諸權威」來解釋用明星來賣廣告，但其實用「月暈效應」來解釋更為恰當。由於月暈效應多數跟個人特質有關，所以跟訴諸人身的謬誤也有一定關係（訴諸人身包括人身攻擊）。月暈效應的主要問題是遮蔽我們的視線，令我們看不到事物的真貌。

月暈效應令我想起「愛情令人盲目」這句話，當你正在墮入愛河，所見到愛人的一切都是美好的，這正是愛情的「迷戀期」，我猜想這是荷爾蒙的作用，但當迷戀期完了，我們就必須面對現實，體會對方的真正缺點。

40 / 道德思考

在〈語句意義〉這一篇講過道德判斷是價值判斷的一種，但有人認為道德語句並沒有認知意義，沒有真假可言，它只是表達我們的好惡或情感，這主張可稱之為「道德主觀主義」。例如「殺人是不道德的」不過是表達我們厭惡殺人這種行為，「幫助人是好的」也只是表示我們喜歡這種行為。但如果道德只是表達我們的主觀喜好，那麼就用不着為此爭論，正如有人喜歡吃魚，有人喜歡吃雞一樣。還有，如果道德語句沒有認知意義，我們就不可以做道德推論，因為論證的前提和結論都必須是命題，即是須有真假可言的語句。

也有人認為道德判斷雖然有真假可言，但只是相對於某種社會或文化而言，不妨稱之為「道德相對主義」。例如古希臘社會認為奴隸制度是對的，但現代社會卻認為是錯的；漢族認為土葬是對的，但西藏人卻認為天葬才是對的；食人族認為殺人來吃並沒不妥，我們卻認為是極之不道德。像這樣的例子還有很多，但是否足以證明道德相對主義就是正確呢？

道德相對主義的論旨是沒有普遍的道德價值或規範，那麼我們只要找到至少一個有普遍性的道德價值或規範，就可推翻道德相對主義。事實上，在不同文化或社會都可以找到相同的道德價值，例如殺人和偷竊是錯的，誠實和守信是對的。社會之所以能夠存在，基於成員必須遵守某些規則；所以一定存在具普遍性的道德規範。即使是食人族，也不會殺死自己的同胞來食，否則食人族一早就滅亡了。

即使不同文化或社會有着不同的道德規範，但這只是事實的描述，並不表示這些道德規範都是正確的；況且，不同的道德規範有很多

只是表面上的差異，背後其實有着相同的道德價值。例如傳統漢族認為土葬才合乎道德，背後的根據是入土為安，那是愛的表現；西藏人卻認為天葬才是對的，因為他們相信這樣可以令死者的靈魂升天，也同樣是愛的表現。這些差異只是由於信仰、生活環境和歷史等因素所造成。

如果道德相對主義成立，道德判斷只是相對於某個文化或社會才有真假可言，那麼我們根本不可以批評其他文化或社會的道德觀，例如納粹黨認為屠殺猶太人是對的，我們就不可批評是錯誤嗎？社會或文化之所以能夠進步和更新，其中一個原因就在於不斷批評舊有不合理的價值。

如果道德不是主觀，也不是相對；那麼，道德就一定是客觀的嗎？那就要視乎客觀是甚麼意思，如果是指存在普遍道德原則或價值，例如仁愛、正義和人權等，那道德當然是客觀的；但若是指存在終極或絕對的道德原則，那道德就不一定是客觀。後者是一種極端的客觀主義，例如功利主義和康德倫理學，有可能演變為道德絕對主義。

客觀的道德價值

性質	例子
原則	仁愛、正義、效益、人權等
規範	不可殺人、不可偷竊、守承諾等
德性	誠實、堅毅、克制、勇敢、慷慨等

絕對主義的危險在於將某種道德價值絕對化，舉個例，「殺人是錯的」雖然有普遍性，但其實也有例外，比如說自衛殺人，所謂絕對化的意思就是將它看成毫無例外。雖然文化相對主義不成立，但它至少有一個好處，就是防止絕對主義的出現。絕對主義跟建制的力量結合在一起，強迫大家服從的話，就有可能造成很大的禍害。例如儒家思想在漢朝被定為一尊之後，就漸漸變得專制和封閉，忠、孝、貞節等價值絕對化的後果是演變成吃人禮教，例如用保存貞節為由去殺害婦女，此所謂以理殺人。

我認為道德價值或原則是多元的，可稱為「道德多元主義」，所以即使道德是客觀，也不表示不存在道德的爭論，又或者道德的爭論必然能夠得到妥善的解決，其實很多道德的爭論都是道德價值之間的衝突，例如「自由」和「平等」。道德多元主義一方面肯定了道德的普遍性，另一方面則承認道德價值的多元性。從社會秩序來講，如果沒有「不可殺人」、「不可偷竊」、「信守承諾」等道德規範，社會根本不可能存在。比如從理想社會方面講，公正是不可缺少的，人權也是一樣，試想那些人權被踐踏的社會，也不配叫做理想的社會，因為人的尊嚴得不到保障。從個人層面講，當我們稱讚人的時候，會用公正、誠實、仁慈、勇敢、慷慨等字眼，這些好的品質就是「德性」；相反，當我們要批評人，就會用自私、懦弱、陰險、揮霍、殘暴等用詞，兩者均有普遍性。

科技思考

莊子

為甚麼你不利用機械來幫忙灌溉呢？

因為使用機械就會有機巧之心，講求效率就會計算，計算就會計較，計較就會產生嫉妒和怨恨，令人心變壞。

種菜老人

自從十七世紀現代科學革命之後，人類的科學可謂突飛猛進，而科技亦是日新月異，我們已經進入了科技時代，科技成為主導。有兩種科技會對我們未來產生重要的影響，一種是生物科技，包括基因改造和複製技術；另一種是人工智能，例如現在的資訊科技，從社交媒體的盛行可見一斑。

面對科技的不斷發展，有兩種相反的態度，一種是樂觀的，認為科技的進步可以解決人類的重要問題，如糧食不足、能源短缺、疾病、貧窮等等，建立一個所謂科技烏托邦。早於十六世紀就有這種科技烏托邦的思想，提倡者是英國哲學家培根，他透過批判亞里士多德的哲學（例如否定「目的因」在說明自然現象的地位）為後來的現代科學革命清除了不少障礙；並明確表示歸納法是獲取知識的方法。培根在《新亞特蘭蒂斯》一書主張一個由科學家組成的團體，叫做所羅門之家，通過醫藥和技術的研究建造理想的社會。當代的庫茲韋爾可以說是這種思想的繼承者，他是一位科學上的極端樂觀主義者，對未來科技抱有很大的期望，其著作《奇點迫近》認為科技最終能夠根除所有疾病，不但逆轉老化，甚至超越死亡，人類能以肉體的形式永遠生存下去；或者是將意識上載，以數碼化的形式保存，他還預測人工智能將會發展為人與機器的結合，並於 2045 年就可以實現。

相反，有人對科技的發展抱持悲觀的看法，認為科技會帶來烏托邦的反面──反烏托邦。例如赫胥黎於 1932 年寫的小說《美麗新世界》，就描繪了一個在公元 2540 年以科技全面監控的社會，政府利用試管培植胚胎，製造不同能力和等級的人類，這部小說挑戰了

「科技發展總是好的」此一假設。這種對科技的擔憂有一定程度的合理性，因為前車可鑑，工業革命雖然帶來經濟發展，但亦造成環境污染問題；基因改造這種科技對人類的影響就更加深層和廣泛，可能會顛覆人類社會結構和人跟自然的關係。

科技對我們的影響

人工智能	很多事務性的工作將會被替代，包括部分律師和醫生的工作，醫療和法律費用將會大大降低
	人工智能可能會用來建立一個全面監控的社會
	如果人工智能發展出自我意識，有自由意志，可能會與人類為敵
生物科技	基因改造可以醫治疾病、改進人類的智能和體力、改良食物等
	可能會產生兩極的社會，一端是透過基因改造的人類，另一端是沒有經基因改造的人類，導致基因歧視

人類對科技的恐懼最早出現於十九世紀，以瑪麗雪萊的小說《科學怪人》為代表，書中的瘋狂科學家做了一個創造生命的實驗，將不同的屍體部位結合成一個人，成功賦予生命，但這個科學怪人卻對人類造成威脅。有人擔心今天的基因改造可能會創造出毀滅人類的怪物，就像《異形》電影系列第五部《普羅米修斯》中的外星人，創造了異形這種殺人的怪物。普羅米修斯是希臘神話的天神，由於偷取火種給人類使用，被眾神之首宙斯懲罰，自此「普羅米修斯」

這個名字就象徵着人類對科技的渴求，以及不可預料的後果，而《科學怪人》這部小說的副題正是「現代的普羅米修斯」。

科技可以改善我們的生活環境，令生活更舒適和方便，卻不能賦予人生的意義，因為科學只能處理事實問題，不能解答價值問題，例如人生有甚麼意義？人該如何生活？前面提到《美麗新世界》這部小說，雖然說是反烏托邦，但從另一個角度看，那是人人生活愉快，沒有疾病的社會，各種需求都得到滿足，連宗教也不用存在。不過，當人類不必努力奮鬥，毋須感受痛苦時，似乎也喪失了人類的尊嚴。一直以來，宗教是生命意義的主要來源；沒有了宗教，是否表示人不再需要尋求生命的意義，或是科技可以改變人性呢？

很多人認為科技是中性的，你可以使用科技改善生活，例如核能發電；但也可以用科技毀滅世界，例如核戰爭。德國哲學家海德格認為，科技不是中性的，它會影響我們的世界觀，不僅大自然，就連人也被視為「儲備」，隨時按需要而被提取，用於生產，自然和人的豐富性就會被剝掉了。正如漫畫裏種菜老人的故事，道家思想也有反科技的傾向，但在現代社會我們根本不能脫離科技而生存，環境和能源各種問題亦要依賴科技的進步才有望解決，科技的本質是否真的如莊子所說實有商榷之處。停止使用科技，限制經濟成長，不謀求發展是行不通的。道家講順其自然，要我們跟自然和諧相處，的確有其智慧所在；跟探求自然，強調不斷進步的科學思想雖然不同，但兩者並不矛盾。

沒有科學，宗教就像盲人一樣；沒有宗教，科學就像跛子一樣。

愛因斯坦

錯了，剛好相反。沒有科學，宗教就像跛子一樣；沒有宗教，科學就像盲人一樣。

斯坦愛因

愛因斯坦這句話常常被人引用，指他相信上帝，但其實他所講的上帝並非基督教的人格神，反而更像荷蘭哲學家斯賓諾莎「泛神論」的上帝，所有事物都是上帝的顯現。雖然多數科學家是持有唯物論的立場，但也有少數科學家支持泛神論或泛意識論，例如當代物理學家 Gregory Matloff 就將整個宇宙視為一個龐大的意識。

有不少沒有特定宗教信仰的人其實也很有宗教性，只是接受不了悖理的教義，以及宗教之間的排斥和仇恨。二十世紀初的英國哲學家羅素在《為甚麼我不是基督徒》一書中指出，不能接受不信耶穌就要下地獄受永恒之火懲罰的教義，他認為這是一種慘無人道的理論。某個意義下，這種教義是違反理性的，因為我們的理性會要求公正，很多不相信耶穌的人都是正直之士，況且很多人都沒有機會接觸基督的教義，例如剛出生就夭折的嬰兒，如果這樣就要下地獄的話，那就太不公平了。世間有着種種的不義，宗教之所以重要，就是能給予我們公正的承諾，死後得到公平的對待，例如基督教講的最後審判，佛教講的輪迴業報。

宗教衝突多是來自教義上不同，但這些差異不一定是對立的，只是大家的側重點不同，例如佛教強調自力，基督教重視他力，然而自力和他力並不是真的對立。佛教固然有重視自力的禪宗，但亦有倚重他力的淨土宗（淨土是他力，念佛是依仗阿彌陀佛的願力，死後往生淨土繼續修行）；另外，更有結合禪宗自力和淨土他力的「禪淨雙修派」。我認為一神教與多神教也沒有真正的衝突，一神的意思不過是存在至高之神，在基督教的系統中，耶穌和天使都是神靈，那不是多神嗎？在伊斯蘭教的經典《可蘭經》中，有時是以「我

們」來指稱阿拉，我認為所指的其實就是伊斯蘭教的指導靈團。佛教對這些階層有更詳細的描述，簡單來說，可分為欲界、色界和無色界，如果佛真的可以跳出三界之外，那麼菩薩和羅漢就應該處於無色界和色界，亦即是高階層的神靈。當然，不同宗教的教義也真的有對立或矛盾的地方，例如對死後有不同的描述，佛教說人死後會不斷輪迴轉世；但基督教則否定輪迴，人只有兩世，死後會上天堂或下地獄。我認為佛教講的接近真相，因為有太多輪迴轉世的個案，而我相信當中有部分是真實的，據說基督教早期也有輪迴的說法。

而所謂悖理是指理性上不能接受，是理性批判的對象。雖然也可將神蹟視為悖理，但我保留對神蹟的批判，因為：一、神蹟違反的是自然律，而自然律其實是可以推翻的，也許未來的科學能解釋神蹟；二、神蹟也可以視為超自然力量的證明，當然，不能排除有些神蹟是虛假的。

宗教的悖理之處

悖理	基督教的例子
自相矛盾	全能的概念
違反事實	地球只有六千多年的歷史
違反公正	不信上帝者，要下地獄受永恒之苦
違反自然律	死人復活

很多宗教徒對其所宗的經典都視為神聖不可侵犯，即使有荒謬和悖理之處，仍加以維護。其實這些經典很多都不是創教者所寫，是其死後才由門徒結集而成，就以新約《聖經》為例，多數是門徒記錄耶穌的言行，但當中真的沒有任何誤載或遺漏嗎？也許門徒會加入一些個人的詮釋，加上《聖經》文本經過多次的刪改和編排，跟最初的版本已有很大出入。佛經也有類似的問題，雖說佛經是由佛親口所述，開首都是「如是我聞」，但門徒記憶真的可靠嗎？尤其是很多佛經是口傳了很久才結集成書的。

以《自私的基因》一書聞名的作者道金斯，在美國九一一襲擊之後，對宗教的各種錯誤做了一番研究，寫成了《上帝的錯覺》一書，他的結論是如果沒有宗教的話，這個世界可能會更好。其實對於宗教的惡行，包括宗教迫害、審判、戰爭，以及像塔利班、阿爾蓋達和伊斯蘭國等恐怖組織，古羅馬詩人盧克萊修早就提出了警告。但我認為不可以就此否定宗教的價值，宗教的惡行多數是源於人類的問題，而宗教之間的衝突也未必不可以化解。我認為宗教也應像科學一樣，需要創新和進步，宗教講述的真理必須配合時代，否則就難以打動人心。隨着時代的轉變，傳統宗教的歷史包袱也愈來愈重，而且很多教義都顯得不合事宜，必須作出改革才可以繼續發揮宗教的指導功能。如果說基督教的精華在於「愛」的話，佛教的重點就是「悟」，我期望新型的宗教能夠將兩者結合起來，一個強調「愛與悟」的宗教。未來的宗教也需要將信仰跟理性、知性結合起來，理性可以幫助我們批判宗教的悖理之處，有助宗教的進步和發展，這樣也能化解不少宗教之間的衝突，並使宗教接上科學。不過，宗教仍然有着神秘的一面，那要靠上天的啟示和自身的覺悟。

43 / 神蹟思考

神蹟思考

177

宗教是信仰，需要我們相信死後世界和神靈的存在；科學要求實證，不能驗證的東西就不算是知識（數學和邏輯除外，因為是單憑理性就可了解的知識）。當宗教所講跟科學發現不同，衝突就會出現，至於衝突的嚴重性，則視乎當時的社會政治情況而定。

雖然現在天主教已接受了科學的某些說法，例如地球有四十六億年的歷史，但總不會否定耶穌復活的神蹟，而宗教與科學的最大衝突恐怕就是神蹟。各宗教都有它的神蹟，其中以基督教的神蹟最著名，即使不是教徒都很有可能聽過，例如處女懷孕、死人復活、將水變成酒、五餅二魚餵食幾千人等等。甚麼才算是神蹟呢？癌症患者祈禱之後竟可一夜痊癒算不算是神蹟呢？所謂神蹟就是科學不能解釋的現象嗎？但目前科學不能解釋的未必表示將來也不能解釋，事實上，科學的進步就在於逐漸能夠解釋以前不能解釋的現象。英國哲學家休謨認為違反自然法則的才算是神蹟，例如「人死不能復生」是自然法則，所以「死人復活」就是神蹟。雖然神蹟有可能會發生，但休謨認為我們沒有任何理由相信神蹟：「沒有任何證據足以證明神蹟真的存在，除非證據的虛假要比證據企圖證明的神蹟更不可思議。」由於神蹟違反自然法則，從科學的角度看是不可信的；但從宗教的角度看，那反而是超自然力量存在的證明。

科學之所以反對神蹟，其中一個理由是缺乏證據，很多神蹟都只是傳說，而且年代久遠，難有充分證據證明它們曾經發生，而且有的違反自然法則似乎太「離譜」，例如根據聖經記載，約書亞為了在日落前打敗迦南人，向上帝祈禱叫太陽靜止；但太陽靜止其實表示地球突然停止轉動，那股離心力足以使地球上的東西拋出外太空。

當然，堅持這個神蹟的人會說，上帝具有大能，可確保地球上的東西不會拋出外太空。神蹟雖然違反自然法則，但自然法則不過是根據過往經驗歸納得來，並沒有必然性，亦有被推翻的可能，或許存在更高層次的自然法則可以用來解釋神蹟，當中不一定涉及超自然的力量。就以處女懷孕為例，現在的科技不就可以做到嗎？只要用人工的方法將精子注入處女的卵子，就可令其懷孕，或者用複製的技術來進行單性生殖；說不定將來科學的進步真的可以令人死而復生，那麼，「人死不能復生」這個自然法則就會被推翻。

另一個質疑神蹟的理由就是它的罕有性，為甚麼上帝或神靈不多些顯現神蹟呢？這個質疑背後似乎暗示了如果有多些神蹟，我們就有理由相信它是真的，耶穌傳道只有短短三年，就吸引了大批信眾，除了他所講的道理之外，另一個原因恐怕就是他所施行的神蹟，如醫治病人、驅除惡鬼、令死人復活等等。當耶穌被釘在十字架上，就有不少信徒相信神蹟會發生，但結果沒有，於是信徒也紛紛離開。想想耶穌施行神蹟時經常聚集了千多人，但他死的時候只剩下三人陪伴，真是一個強烈的對比。

對於有人質疑為甚麼上帝不多施行神蹟來解救人間的苦難，儘管我們無從得知上帝或神靈根據甚麼標準來施行神蹟，但我猜想，上帝或神靈只在迫不得已的情況才使用神蹟，也會盡量不用神蹟來干預這個世界（當然，這是假走了上帝或神靈的存在）。至於耶穌之所以頻頻施行神蹟，那是他傳教的特有方法，以證明自己是上帝的兒子，激發信徒的信仰之心。

耶穌施行的神蹟

水變成酒	耶穌和母親參加迦拿的婚宴時，由於葡萄酒快要喝完，於是耶穌將水變成酒，這是耶穌最早在公開場合施行的神蹟。
醫治病人	耶穌醫治了痲瘋病人及癱子，但醫病的先決條件是相信耶穌，有病人只是摸到耶穌的衣服就能痊癒。
驅除惡鬼	耶穌趕走了依附着瘋子的惡鬼，當事人就恢復正常。
死人復活	耶穌曾令兩個死人復活，一個是睚魯的女兒，另一個是拉撒路；前者剛死，後者則死了兩天。
五餅二魚	五千人跟隨耶穌到野外，在傍晚的時候，耶穌將一名少年的五餅二魚放在籃中，然後叫門徒分給眾人吃，大家吃飽之後還剩下十二個籃子的食物。
叫停風浪	耶穌和門徒乘船渡過加利利湖，遇上了狂風大浪，船也快要下沉，於是耶穌大聲喝停了風浪。
水上行走	耶穌獨自在岸上祈禱，門徒則待在船上，破曉時分，耶穌在水上行走到船上，門徒還以為撞鬼。

圖說實用邏輯學

早前有人前往西九文化區的 M+ 抗議，批評該館花那麼多錢來購買當代藝術品，根本就是浪費公帑。早於先秦時期，墨子就批評藝術浪費資源，不事生產；荀子的回應是「蔽於用而不知文」，指墨子不明白藝術的文化意義。藝術看似沒有甚麼用，但其實它是人類心靈最自由的表現，也象徵着人類最大的創造性。藝術憑甚麼打動人呢？有人說就是「美」。柏拉圖雖然反對大部分藝術，卻十分重視美，因為愛美能令我們的精神得以提升到「理型世界」，而美正是最高的理型。在對話錄《斐德若》中，柏拉圖將人分為九等，第一等是愛智慧者、愛美者，或是詩神和愛神的頂禮者，而詩人及其他模仿性的藝術家只是第六等，連運動員和政治家都及不上。雖然藝術也可以是美，但由於藝術只是對現實的模仿，而現實則是「理型」的模仿，難怪柏拉圖認為藝術使我們遠離真理，而藝術家也必須被驅逐出其理想國。

美又是甚麼呢？這個問題可以有兩個意思，一個是指「美感是甚麼？」另一個是「引發美感的事物具有甚麼性質？」美感是一種愉快的感受，但跟我們平時吃喝所得來的快感不同，用康德的說法，那是一種無私的快感，我們毋須佔有對象，例如觀賞美麗的風景時，你不需要掩蓋旁人的眼睛。此外，一般肉體之樂只是感官上的滿足，但美感卻不止於此，它能令人的心靈超離感官的束縛，享受更高層次的快樂，有很高的自足價值。

柏拉圖說藝術製造幻象，但叔本華卻主張藝術有認識理型的功能。叔本華受印度哲學影響，提出了一套唯意志論，並結合柏拉圖的理型論和康德的美學，賦予藝術很重要的地位。叔本華認為意志才是

世界的根本，但這意志是盲目的，受着盲目生存意志的束縛，人只能不斷地滿足慾望。由於生存的需要，我們總是要對世界採取一種利害的態度，只有美能將我們從這種利害關係中解放出來，藝術家主動超然於利害關係之外，從事藝術創作；而觀眾則通過欣賞藝術而得以被動地超然於利害之外。對叔本華來說，審美是對自我意志的否定，一種忘我的狀態，使認知主體暫時擺脫了「意志」的束縛。

尼采把叔本華的生存意志改為力量意志，並將藝術觀擴展到整個人生，視人生為藝術品，尼采說：「藝術是生命最強大的動力，它的本質在於使存在完成，產生美和充實，是肯定和祝福，是生命的興奮劑，苦難的救星。」藝術能提升生命（包括身體和心靈），使痛苦的人生在藝術中得以證立，因為藝術賦予力量，讓我們克服困難，有勇氣面對醜陋的真相。這種用藝術肯定人生的主張，可稱為「為人生而藝術」，強調藝術對觀者帶來積極和肯定的力量。由此可見，藝術的力量源於「美」，在現代藝術出現之前，大部分人都認為美就是藝術的本質，「美術」（Fine Arts）一詞是由十八世紀法國思想家 Abbé Batteux 所創，用來指稱當時的七種藝術：詩歌、戲劇、繪畫、雕塑、建築、音樂和舞蹈（後來出現了電影，被稱為第八藝術），美就是它們的共同性質，也就是說，美是藝術的必要條件。

1917 年法國藝術家杜象的名作《噴泉》挑戰了美在藝術的地位，《噴泉》其實是一個男性的小便器，即現成物，杜象在上面簽了名（假名），用化名參加當時美國一個獨立藝術展覽。美國哲學家丹托指出，《噴泉》在藝術發展史上有很重要的意義，顯示出美不是

藝術的必要條件，藝術擺脫了美的束縛之後，得以開展更多的可能性，如後來的概念藝術、地景藝術、裝置藝術、行為藝術等。

沒有了美的藝術，其力量會否被削弱呢？雖然美不再是藝術的本質，但並不表示藝術一定要不美，正如有人說：「娶妻求淑女。」卻不等於一定要找一個不美的對象，我們還是可以創造美的藝術。

藝術大致可分為三大類：視覺藝術、表演藝術、文學藝術。視覺藝術主要靠視覺欣賞，表演藝術要經歷一個表演的時間過程，文學藝術則要經過閱讀才能了解和欣賞。當然，有些藝術是難以分類，特別是跨媒介的當代藝術。

藝術的分類

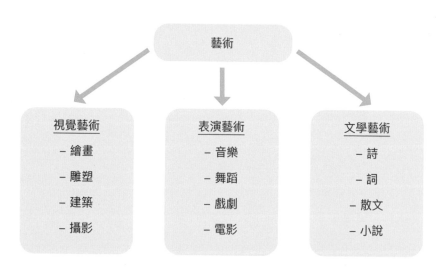

藝術

視覺藝術
－繪畫
－雕塑
－建築
－攝影

表演藝術
－音樂
－舞蹈
－戲劇
－電影

文學藝術
－詩
－詞
－散文
－小說

45 / 哲學思考

哲 學是甚麼？這本身就是一個哲學問題，一個哲學家們不斷爭論的問題。就以上世紀初的兩個哲學流派為例，一個是源於英美的分析哲學，另一個是植根於歐陸的現象學派，現象學派的始祖胡塞爾認為哲學是一門嚴格的學科，它要為一切知識提供一個鞏固的基礎；至於分析哲學的開創者維根斯坦則認為一切哲學問題都是由於我們誤用語言的結果，根本就不是真正的問題，哲學的任務就是釐清哲學的用語，清除這些哲學問題。

當然，今日已沒有人再堅持這兩個學派對哲學的極端看法，不過，這兩個學派卻給我們指出兩種從事哲學的方向，一種是建構性的，即尋找所謂普遍性的原理，現象學即屬此類；另一種是批判性的，批判已有的哲學言論，分析哲學是當中的表表者。其實本書講的兩個思考重點就是來自分析哲學，第一，通過釐清意義解答哲學問題；第二，任何哲學主張都必須有嚴謹的論證支持。至於現象學，本來是強調給科學或其他知識提供嚴謹的基礎，但後來受其影響得最大的，反而是不那麼嚴謹的學科如藝術。

或者我們可換另一個角度來看哲學——哲學的發展就在於不斷有人解答所謂哲學問題，又不斷有人批判這些答案，哲學是一種思辯活動，我們通過爭論去解決哲學的問題。可是，事實上很多哲學問題都沒有確定的答案，例如：「人有沒有自由意志？」這個就是老掉牙的哲學問題。或許哲學的價值是在於提出有意義的問題，而不完全在於提供確定的答案。我們在爭論的時候，往往需要將其中涉及的概念加以釐清，釐清的過程令我們對使用的概念有更深入了解，而這些概念多是基本並且重要的，例如「存在」、「美」、「知識」、

「自由」和「正義」等，我們是透過這些基本概念去了解這個世界和我們自己。換言之，哲學的其中一個重要價值就在於增進了解。

哲學問題的特性是甚麼呢？跟非哲學問題又有甚麼分別呢？還有，何謂「增進對自己及世界的了解」呢？心理學、社會學及歷史等學科也可說是增進我們對自己和世界的了解；那麼，跟哲學所提供的又有甚麼不同呢？正如前面所講，哲學家是通過爭論去解答哲學問題。試比較科學家、數學家與哲學家的工作就會更加清楚：科學家主要依靠實驗觀察或經驗證據去解決科學的問題，數學家則通過「證明」去回答數學的問題；可是，哲學家呢？既不像科學家需要做實驗，又沒有數學家那套嚴謹的「證明」，他們依靠的是理性的討論，哲學問題的解答就是訴諸理據的強弱。

至於哲學所提供的「了解」跟其他學科所提供的又有甚麼不同呢？我認為哲學式的了解比其他學科所提供的了解更加基本。試以藝術史這門學科為例：藝術史家描述及解釋藝術史的時候，往往有一些基本的假定，以及必須運用某些基本的概念，例如「美」、「表現」、「創新」、「審美經驗」等；而藝術哲學家的其中一種主要工作就是反省及釐清這些藝術史家視之為當然的概念和假定。在這個意義之下，我們可以說藝術哲學所提供的了解，比藝術史所提供的了解更加基本。

哲學可以分為不同的部門，而每個部門都有本身的哲學問題需要處理，我們可以將哲學分為形上學、知識論、倫理學、邏輯、政治哲學、藝術哲學、科學哲學及文化哲學等不同的部門。通常我們會將

邏輯定為哲學的基礎部門，因為任何哲學主張都不能夠違反邏輯定律，不可以自相矛盾。至於形上學、知識論和倫理學這三個部門可看成是哲學的核心部分，其他如藝術哲學、科學哲學等則可視為哲學的邊緣部分。以藝術哲學為例，它跟其他學科，如藝術史和藝術批評的關係比較密切，又或者我們可以將藝術哲學看成是藝術史、藝術批評和哲學的交界亦未嘗不可，所以藝術哲學被視為邊緣部分；至於核心部分，則比較有其獨立領域，跟其他學科的關係並不太直接。最後是個人的看法，哲學爭論就像是一種比自由搏擊更自由的知性競賽。在哲學的戰場上沒有永遠的王者，各種不同的觀點比拼，可稱之為「哲學大亂鬥」。

哲學的核心部門

形上學
探討真實的問題，
包括有甚麼存在、
時間是甚麼、空間
是甚麼等。

知識論
探討知識的問題，
包括知識的性質、
知識的來源、知識
的分類等。

倫理學
探討道德的問題，
包括道德的性質、
道德判斷的標準等。

/ # 破除封閉

這是最後一篇，也算是全書的總結。語文會影響我們的思考，而習慣於概念滑轉、語意曖昧和言辭空廢的人就會形成封閉式的思考，無視客觀的經驗證據。概念滑轉是在不同的意思之間遊走，或隨意改變字詞的意思，那就可以避開任何的批評，也無法被否證，例如說言論自由不包括批評的自由，這就是扭曲了言論自由的意思。至於語意曖昧，由於意義不明，也無從否證或指出錯誤，例如有人說上帝是超越一切又在一切之中，這若不是自相矛盾就一定是語意錯亂，不知所云。空廢命題就更不用說了，沒有任何可能的經驗證據能否證它，因為它根本沒有經驗內容，例如：「要發生的事總會發生，不會發生的事就一定不會發生。」說話經常概念滑轉、語意曖昧和言辭空廢的人，就好像封閉於自說自話之中，但別以為這些人只是頑固和愚蠢，他們也可能是狡詐之輩（狡詐和愚蠢並不排斥），要是讓這些人擁有權力，一定會給社會帶來極大的傷害。

要有健康和開放的心靈，先要擺脫封閉的思考模式；要破解這些語害，就要掌握語理分析的技巧，即是先釐清言論的意思才去回應。有些人誤解了語理分析，以為語理分析不過是咬文嚼字和捉字虱，恰恰相反，語理分析正好是咬文嚼字和捉字虱的剋星。只要反省政客如何以含糊的言辭來避開責難、蒙混過關及欺騙民眾，就會明白語理分析的重要性。

真誠是做人的重要品德，真誠的人不願意詭辯，因為詭辯是用似是而非的手法來欺騙人；但即使是真誠的人，若不認識謬誤，也有可能會在不自覺之間做了「詭辯」，所以人不但要有心，也要有腦。

圖說實用邏輯學

不少詭辯都是利用謬誤來進行，而認識謬誤也等於學會了如何破解詭辯。

「四不架構」不但是一個很有用的謬誤分類架構，而且可以引申到人生處世方面，產生更大的效用。不一致要求我們做人要跟自己的目標保持一致，否則就會招致失敗，例如想獲得成功，卻又不肯努力，這就是不一致。不相干提醒我們，別為那些跟我們重要價值不相干的事物而煩惱，例如為他人的閒話而動氣，又或者忙於追求跟自己人生目的沒有關係的東西。不充分要求我們注意偏見的產生，很多時都是由於看事物不夠全面，例如只留意別人的缺點，忽略他人的優點。不當預設則叫我們不要盲目接受社會上所預設的價值觀，例如社會上的成功標準是名成利就，但先要反省一下這是否合乎你的個性或人生目的，否則就會帶來不必要的痛苦。

除了方法之外，批評思考也需要相應的態度，但在比重上，還是方法佔大的分量。

批判思考的態度

客觀	排除主觀的好惡及利益的考慮
冷靜	避免情緒的干擾
嚴謹	細心檢視語文的意義和論證
懷疑	提升對陳述真假的警覺

在人類的各種知識領域中，相信最能代表進步的就是科學。在藝術上，我們今天還在欣賞古希臘的神殿和雕塑；但在科學上，相信沒有人會去讀亞里士多德的《物理學》，因為我們只須學習最新的物理學知識就足夠，除非你是想研究科學發展史。而科學之所以重要，就是因為透過科學研究可以發現自然的定律，然後應用這些知識，得到科技，再解決我們生活上的各種問題。

目前人類科學的發展似乎到了一個樽頸位置，正如〈科學至上〉那一篇所講科學和宗教的對立，我認為先要破除唯物論的思想，科學才能夠有進一步的突破，比如說宇宙航行就涉及宗教所講的另一個空間，若認定宗教所講的全是迷信的話，那就不可能有所突破，正如漫畫中那位科學家，犯的是訴諸無知的謬誤。現在最新的物理學課題有多次元宇宙和上帝粒子，我認為這些研究已碰到宗教談及的神秘領域，若有一天科學的進步能夠驗證死後的世界，此乃科學和宗教的結合。我相信這也是李天命先生所講「科神玄接」的其中一個意思。

另一個問題是人文和科學的差距。在可見的將來，人類會面對很多跟科技發展有關的倫理問題，如基因改造、人工生殖、複製人、大數據監視等等。如果人文價值追不上科學發展的話，這些科技將會給人類社會帶來很大的衝突，甚至是災難，先不要說核彈有可能毀滅人類，像《美麗新世紀》中的監控世界就已經夠恐怖了。

附錄：創意思考

傳統中國文化最具創造力的活動就是作詩，詩的最輝煌時期是唐代，而律詩正是詩的顛峰，比起古體詩，律詩有嚴謹的規則如平仄、對仗和字句的數目。有人認為規則妨礙創意，但不可一概而論，因為平仄的運用可以令詩句的聲調抑揚頓挫，產生音樂的節奏感；而對仗和字句的數目則表現出形式美，這些規則對產生優美的詩句有一定的貢獻，況且在嚴格的規則產生出來的詩句就更難能可貴。律詩一定是八句，有五言和七言兩種，平仄是利用聲調製造出節奏感，這是中國詩的特性。中文字有平、上、去、入四聲，後三聲就是仄聲，例如五言律詩的第一句的平仄是「平平仄仄平」，第二句的平仄就要相反為「仄仄平平仄」，第三句要跟第二句一樣，而第四句又跟第三句相反，如此類推，這樣讀出來就會很有節奏感。還有第三句和第四句，第五句和第六句都必須是對聯。除了四聲之外，還有所謂八病，八病就是八種有害於詩的情況，若能避免，作出來的詩就會好聽。

不過，某程度上這些規則是可以違反的，謂之「破格」。例如李白和杜甫就有不少這類作品，偉大詩人的特別之處，就是能寫出意象和境界高超的詩，這正是創造性。執筆至此，忽然想起了李商隱《錦瑟》的詩句：「滄海月明珠有淚，藍田日暖玉生煙。」即使不明白箇中典故或意思，也會被詩句的意象所吸引，這正是中國文字的特點，能直接產生意象。規則不一定妨礙創造，反而是引導創作的台階；不過，當某種形式用得太久，就可能不適應時代，這時我們可能需要革新，創造新的典範，這也是一種創新。

甚麼是創意的敵人？就是限制，甚麼都 say no。甚麼是創意的土壤？就是自由，甚麼都可以。有了自由，人就可以發展自己的潛能和個性，為社會帶來繁榮和進步。香港最有創意的時候是上世紀七八十年代，單是娛樂事業就雄霸了整個東南亞，風頭一時無兩；可是，反觀近十多年來，社會各界都多了不必要的限制。儘管外在的環境很難改變，但我們還是可以保持內心的自由，心才是自由的王國。

活潑的心靈正是創造之源，很多人缺乏創造性就是心靈受到束縛，具備創造力的人也多為個性獨特之人，而且喜歡自由自在，不受約束。從這個角度看，道家思想有助於我們培養自由的心靈，因為道家追求的是一種從利害、名利和道德解放出來的自由狀態，使心靈不受任何束縛，同時又是一種審美狀態，這也是為甚麼創造總是跟美連在一起的原因。

現在我們已進入了創意的年代，在可見的將來，大部分的工作都可交給電腦和機械人處理，人類主要負責那些具創造性的工作，創意也會愈來愈受到社會重視，因為創新變成了主要的競爭力。至於如何產生創意？主要有方法和心態兩個層面，對創意思考來說，心態比方法重要。以下我們會從思考方法、做事程序及心態幾方面探討如何提升創意。

I. 組合・轉換

不少講創意思考的人都混淆了帶來創意的「態度」和「思考方法」，

比如說保持輕鬆能產生創意，但輕鬆只是態度，不是思考方法。嚴格來說，帶來創意的思考方法只有三種，組合思考、轉換思考和類比思考，類比思考在正文已討論過，所以這裏只講組合和轉換。三種思考方法中，以組合思考最為簡單，那是將兩種不同的概念結合起來，產生新的組合（但並不表示一定有用或成功）。例如將「散步」和「聽音樂」結合起來就變成了 Walkman；將「影印機」和「電話」結合起來就是「傳真機」；將 Print 和 Press 結合就成為了 Printing press；將「咖啡」和「奶茶」混合在一起，那就是「鴛鴦」；將「攝影」和「寫實畫」結合就變成了「攝影寫實主義」。

從以上的例子可見，很多新事物都不過是已有概念的組合。無論是產品、理論或藝術上的創新，都是源於意念上的創新，而綜合不同的概念正是得到新意念的好方法，也是創造發明的一個主要來源，只要翻開科學史和科技史，就不難發現相關的例子。當然，胡亂拼湊兩個概念，很小機會得到有價值的創新；而那些成功的概念組合，跟創作者在相關領域的豐富知識有莫大關係，知識愈廣泛也代表擁有的概念愈多，那得到有價值組合的機會也愈大。

分析概念跟創新也有密切關係，因為那意味着「分解」概念，被分解出來的基本概念可以作出重新組合，帶來創新。例如 A 這個概念可以分解為 P、Q、R 這三個基本元素，而 B 這個概念則可以分解為 ㄨ、ㄚ、ㄜ 這三個基本元素，我們將這些分解出來的基本元素重組，就有可能得到新意念。這有點像立體主義的繪畫，其魅力就在於對形體進行分解和重組，令人耳目一新。有時毋須組合，單是將分解的概念獨立出來，就可以是一種創新。例如「繪畫」這個概

念在印象派出現之前是「使用色彩、線條和形狀再現真實」，如果我們將「再現真實」抽掉，剩下來的就是「使用色彩、線條和形狀」，將它們獨立展示的話，那就是抽象畫了。表面上看，概念分析似乎跟語理分析差不多，但兩者的側重點不相同，語理分析着重釐清語辭的意義，避免思考的混亂；而概念分析則着重找出概念的組成部分。概念分析有點像化學家分析化合物的組成部分，而概念組合也像化學家合成新的化合物。

相比之下，轉換思考較為複雜，因為它包括幾種不同的轉換：一、轉換產品的外型、大小、質料、顏色等；二、轉換事物的用途；三、轉換字詞的意義，提供新的觀念；以及四、轉換思考的角度。第一種轉換最簡單，例如將電話縮小，刪除了線，就變成了手提電話；當然，這只是意念上的創新，要真正成功還需要有相應的知識和技術。例如早在十五世紀達文西已有「潛水艇」的概念，惟缺乏相應的科技而未能成功製作。第二種轉換事物的用途需要多些想像力，而且往往有反敗為勝的意味，正所謂「窮則變，變則通」。例如3M公司原本想研發出一種超級萬能膠，卻製造出了一種不會乾的「濕膠」，於是改變用途推出便利貼，結果大受歡迎。第三種轉換字詞的意義可以提供新的觀點，或新的方向。例如將弱智人士稱為「智障」，這固然是因為過往的稱謂如「白痴」和「低能」帶有歧視成分，但更重要的是可引導我們從克服障礙的角度來思考問題，想出不同的方法幫助智障人士，說不定將來會有藥物或手術醫治智障這種缺憾。至於第四種的轉換思考角度，其中最有用的就是所謂「逆向思考」，即是從結果開始發想。例如亞歷山大大帝砍斷戈耳狄俄斯王的繩結，就是從結果想起。有一點要注意，先別將創新想像成一些很了不起或虛無縹緲的事，創新其實可以很日常性，一如

上街穿衣和家庭煮婦買菜煮飯，也分別要想想衣着、飯菜的配搭，
那就會用上組合和轉換的思考方法。

如何提升組合能力？

思考練習	隨意選擇兩種不相干的事物，然後盡量列舉它們的可能組合，不要害怕得出來的結果荒謬而放棄，因為很多發明都是始於看似荒謬的組合，意念可作進一步修改而達致有用。
玩 LEGO	LEGO 積木是一種提升兒童組合能力的好玩具，因為通過不同的組合，就可砌出不同的東西，是訓練小孩子想像力的好方法。
KJ 寫作法	由日本人川喜田二郎（Kawakita Jiro）所發明，KJ 就是其英文名字的縮寫，這也是一種組合法，將有關某個主題的想法寫在便利貼上，到了一定數量後就將它們歸類並整理成文章。

II. 創意・程序

大部分講創意思考的書都會提及以下幾種帶來創意的方法，那就是
腦激盪、六帽思考法和思維導圖（Mind Map），嚴格來說，這些
都不是思考的方法，而是提供一套做事的程序，讓我們自由聯想，
產生創意。

腦激盪是一種集體創作的方法，由 Alex Osborn 所發明，正所謂
「集思廣益」，透過聯想，互相刺激，尋找創意。很多公司搞的「集
思會」，其實就是用腦激盪找出解決問題的方法，通常一班人圍在

一起，將有關的問題寫在紙上，接着自由聯想，想到甚麼就講甚麼，最後看看這些資料可以怎樣組合或改善，得出了解決問題的方法。其實這種集思廣益的方法早就存在，中國人有句話「三個臭皮匠，勝過一個諸葛亮」，西方社會也有一個互相切磋討論的傳統。例如十八世紀的英國有一個「圓月社」，社團成員相約月圓之夜輪流在各人的家裏聚會，社員主要來自不同科學領域，包括發明蒸汽機的瓦特、發現氧氣的化學家普里斯利、發明煤氣燈的威廉梅鐸、天文學家赫歇爾、醫學家伊拉斯謨斯（達爾文的祖父）等人。

心理學家 Edward De Bono 可以說是創意思考的權威，他於 1968 年提出了「橫向的創意思維」，以別於「直線的邏輯思維」，之後就一直寫作有關創意思考的書籍，也提出很多思考方法，除了六帽思考法之外，較受歡迎的還有他所創的思考方法「PO:」，有點像組合法和轉換法，故意加入一些不相干的元素看看有何變化。例如一間餐廳擺滿了書本，光顧的客人都可免費閱讀；或者減去某些東西看看是否可行，例如一間沒有椅子的餐廳，大家都站着吃東西。而他最著名的理論要算是六帽思考法，這也是一種自由聯想的集體創作方法。六帽是六種顏色的帽，分別是白、紅、黃、黑、綠和藍，代表六種思考的角度或過程，白帽是收集資料，紅帽代表感覺，黃帽代表樂觀，黑帽代表批判，綠帽代表創意，藍帽代表宏觀整理和決策。參與六帽思考法的人需要同一時間戴同一顏色的帽，做同一種思考，例如戴黑帽的話，大家就一起批判，這樣就避免了你對我錯的尷尬場面，也擺脫了參與者各自的身份阻滯。在進行六帽思考法的過程中，成員需要不斷轉換帽子，從不同的角度思考。六帽思考法能提供一個明確的程序讓參與者跟從，但又不失自由聯想的效用，而且比腦激盪有趣好玩，更能有效得出創意。

最後一種方法是思維導圖，由英國教育家 Tony Buzan 發明，這也屬於自由聯想，但不是集體創作，而是很個人化。將要解決的問題寫在一張紙的中心，想到甚麼就由中心引伸出來，同一組的意念要寫在同一條線上，不斷向外擴散，直到得出解決問題的方法。思維導圖的好處是易於記憶，因為它有一種圖像式的整體視覺記憶效果，很多大公司如波音和 IBM 都使用思維導圖來培訓員工。

我將思維導圖分為三種：第一種是用作解決問題，這也是一種產生創意的方法，所以寫的時候作直接聯想就可以，不需要理性思考；第二種不是用來解決問題，而是針對某個事物作自由聯想，看看可以產生甚麼新的意念；第三種是將複雜的內容簡化，讓人易於了解和記憶，這就需要較多理性思考，因為項目之間要有較強的邏輯關係，例如培訓員工和做筆記就屬於第三種思維導圖。

三種帶來創意的方法

方法	創始人的原初身份	推出時間	性質
腦激盪	Alex Osborn 原本從事廣告創作	二十世紀七十年代	自由聯想的集體創作
思維導圖	Tony Buzan 是心理學家		自由聯想的個體創作
六帽思考法	Edward De Bono 最初是讀醫科的，研究人的腦部	二十世紀八十年代	自由聯想的集體創作，程序性較強

III. 輕鬆·致勝

分析、綜合、類比、轉換等等的思考方法，皆有助我們產生新的意念，亦可看出理性和認知對於創新的重要性，原來創意是可以這樣有意識地產生出來，也可以說，創造可以學習和訓練。當然，這裏並不排斥非理性的作用，例如所謂靈感或柏拉圖講的神靈附體。

人處於輕鬆狀態特別容易得到靈感，也特別有好奇心。小孩子是充滿好奇心的，他們總喜歡問：「為甚麼？」由於小孩子比大人少煩惱和負擔，容易進入一種自在的狀態；可是，當他們進入學校之後，就被迫接受答案比問題重要，久而久之，就會失去好奇心。具有畫家、科學家和發明家等多重身份的達文西就很有好奇心，好奇心正好使我們從不同的角度去提出問題，不斷發問，也不斷學習。很多重要的發現都是源自好奇心，例如糖尿病的成因和盤尼西林的發現，並且拯救了不少人的生命。人處於輕鬆狀態也特別有幽默感，那些很嚴肅的人是較難有幽默感的。幽默又跟創意有莫大的關係，幽默的人會說笑，這往往就是一種創意。例如有一次上課，一位女學生走來問我：「上一堂的筆記在哪裏？」由於她的態度有點差，於是我很自然就答：「上一堂的筆記就在上一堂那裏啊！」結果全班大笑起來，她也不好意思地走了。

個人認為，睡覺和散步是兩個助人進入放鬆狀態的好方法。有時一覺醒來，之前百思不得其解的問題會突然弄明白；散步也很有效，因為散步能帶動我們的思緒，哲學家特別喜歡散步。世上有兩條著名的哲學之路，一條在德國海德堡，另一條在日本京都，據說前者源於海德格經常在此散步，後者則是西田幾多郎的步道。

但為甚麼放鬆會令人容易產生創意呢？因為處於輕鬆狀態，人的潛意識會特別活躍，創意就是來自潛意識；不過，如果沒有經過之前苦思和努力收集資料的階段，就很難會出現突如其來的靈感。個人認為，「放鬆」必須配合「集中」才能有效產生創意，這是基於筆者的親身經驗。在大學時我是讀藝術的，經常長時間留在畫室工作，有時畫了五六個小時，可謂身心皆疲，腦袋也好像「硬化」了一樣，這時候我就會出外走走，或者看一場電影，鬆弛一下，腦筋又會靈活起來，可繼續工作。有些公司（如 Google）會在辦公室設置遊玩室，給員工放鬆一下，說不定創意就會在這裏出現。很多詩人都喜歡飲酒，因為酒精可讓他們鬆弛下來，達致忘我的境界，激發潛意識的創意，例如李白就常常借酒作詩，被譽為酒中仙。

我認為很多新的意念都是來自天上界，也可以說是神靈賜予靈感，正如柏拉圖所講，靈感來自繆思女神。放鬆令人容易進入潛意識狀態，潛意識將我們跟另一個世界連接起來，接收來自上天的靈感，上天包括了各種神靈。中國人常常用「如有神助」或「神來之筆」來形容藝術家的創作，我認為這真的是得到天上界的幫助，所以有人說藝術家都是靈能者。當然，如果一個人從來都不努力，上天很少會幫助他，或賜予靈感，此所謂自力者才有他力相助。

音樂能令人放鬆，也是帶來創意的一種方法。還有冥想，很多人對冥想的認知只停留在令人身心放鬆，我認為冥想是跟天上界溝通的其中一種方法，直接從神靈獲得靈感；例如蘋果公司創辦人 Steve Jobs 就經常透過冥想獲得新意念。

音樂的妙用

效用	適合的樂曲
消除緊張，容易入睡	舒曼《夢幻曲》
激發想像力和創造力	莫扎特《魔笛》序曲；卡巴列夫斯基《小丑之舞》
令人心靈安定	貝多芬《月光奏鳴曲》第一樂章；蕭邦《夜曲》
集中注意力	小約翰·施特勞斯《春之聲圓舞曲》

IV. 積極・樂觀

對於創意思考來說，心態比思考方法或做事程序更重要，即使懂得組合法、轉換法、思維導圖、六帽思考法，但若抱着悲觀和消極的心態，反而不及一個積極樂觀卻甚麼方法都不懂的人，因為後者會主動尋找方法解決問題。舉個例，兩個人到非洲賣鞋，到達後才發現非洲人不穿鞋，悲觀的那個人就會想今次慘了，沒有生意可做；樂觀的那一人卻十分高興，因為沒有人穿鞋，表示大把生意做。兩個能力相若的人，一個樂觀積極，另一個悲觀消極，那當然是前者較為進取，有較多的機會成功。

積極思考（又稱正向思考）的創始人是 James Allen，他認為最重要和基本的是想法，因為有了想法才會有目標和行動，他的名句就是「我們會成為我們思考的存在」。另外還有兩位重要人物，分別是 Norman Vincent Peale 和 Napoleon Hill，有趣的是，他們都有

基督教的背景。當然，各家學說都有不同的重點，也不夠篇幅在這裏詳細分析和比較，只可講一些重點。

要積極樂觀其實並不容易，因為我們有很多消極的思想。例如凡事擔憂和害怕，這些消極的種子，早在我們小時候就經由父母、朋友，甚至師長的說話，埋於我們的心裏，我們很容易就會這樣想：DSE考不上就沒有任何前途，破產就認定人生完全失敗，失戀就是世界末日。當然，我們可以說這是缺乏對自己和周遭情況的客觀了解，是認知上出現的問題，某程度上理性可以克服這些負面想法；但未必可以清除負面的情緒，當我們遭遇挫折的時候，這些負面情緒又再度主導我們的思考。負面的情緒主要有恐懼、嫉妒和自卑，其中以恐懼為甚，而部分恐懼和嫉妒則有着自卑的根源。此外，比較輕微的負面情緒有內疚和後悔。

要克服負面的情緒，必須培養出勇氣，勇氣正是積極樂觀的動力。首先，勇氣能消除很多跟膽怯和懦弱有關的恐懼；其次，也是我們面對失敗和挫折的力量，不怨天尤人，從逆境和挫折中學習，以失敗的經驗為踏腳石，繼續嘗試。有勇氣，我們才會挑戰自己，克服困難和挫折，這樣才會有所發展，取得成功。人要敢於冒險才有創造性，我們也需要勇氣來不斷克服弱點，超越自己。一般來說，精神力量的增長比身體力量大，而在不同的精神力量中，增幅最大的就是勇氣，勇氣亦是賦予行動的力量。勇氣跟創造也有着密切的關係，因為創新往往會遭遇舊有勢力的反對，創新也常常要打破既定的規則；創新不但要面對未知的將來，更要面對自己的懷疑。沒有勇氣的話，不可能應付這些挑戰。有勇氣面對失敗還包含另一重意

義，有時錯誤是一個契機，可以帶來創新，有不少發現或發明其實是源於錯誤。例如盤尼西林的發現就是一個意外，有一次弗萊明發現了細菌培養基被一種綠色的黴菌污染了，一般人會認為這是實驗失敗，立刻棄掉受污染的細菌；但弗萊明卻想知道是甚麼地方弄錯，他觀察到黴菌周圍沒有任何細菌生長，於是猜想可能是這種綠色黴菌殺死了細菌，最終發現了盤尼西林。

如何克服負面情緒？

情緒	成因	不良影響	克服方法	
恐懼	擔心自己會遭遇不幸	害怕失敗不再嘗試	了解恐懼成因，辨別導致恐懼的事物，增強自己相應的力量。	
自卑	跟他人的優點作比較	變得畏縮或自大，盲目追求優越感	對於能力和成就方面的自卑，可以努力學習和工作，克服弱點來消除。	不斷自我精進，能慢慢增強自信。掌握自我的獨特性，建立自尊不單能治嫉妒，也可克服自卑。
嫉妒	他人得到我想要的東西	貶低他人，以保衛自己的形象	從嫉妒的對象可以知道甚麼是理想的我，這才是我們努力追求的目標，應該向嫉妒的對象學習才對。	
內疚	做了不正當的事	將我們束縛於過去，不利開拓未來	過去不能改變，內疚和後悔都是無補於事的，只有寬恕和原諒自己才能繼續前行。	
後悔	來自錯誤的決定			

圖說實用邏輯學

結語

創意思考和批判思考雖然不同，但兩者並不互相妨礙，Edward De Bono 將兩者對立起來是有問題的，他說批判思考不能產生創意，其實是誤解了批判思考的功能，批判思考的作用是批評和判定，並不是用來產生創意。只是有時過早批判會窒息創意的產生，但批判本身其實有利於創意的出現，例如指出商品或服務的缺點，有助於改良；對理論的批評也一樣，科學家不斷做實驗就是試圖推翻已有的科學理論，這樣就可刺激新的理論出現。總言之，批判能顯示不足之處及問題的所在，迫使我們去尋求新的發展。也可以說，批判是做「破」的工作，清除妨礙進步的舊事物，而創新則是「立」的工作，建立帶來希望的新東西；沒有批判和創造，社會就難以進步。

圖說實用
邏輯學

梁光耀 ● 著

責任編輯	梁嘉俊
封面設計	Sands Design Workshop
裝幀設計	黃梓茵
排　版	陳美連
印　務	劉漢舉

出　版

非凡出版
香港北角英皇道 499 號北角工業大廈一樓 B
電話：(852) 2137 2338
傳真：(852) 2713 8202
電子郵件：info@chunghwabook.com.hk
網址：http://www.chunghwabook.com.hk

發　行

香港聯合書刊物流有限公司
香港新界荃灣德士古道 220–248 號荃灣工業中心 16 樓
電話：(852) 2150 2100
傳真：(852) 2407 3062
電子郵件：info@suplogistics.com.hk

印　刷

美雅印刷製本有限公司
香港觀塘榮業街六號海濱工業大廈四樓 A 室

版　次

2023 年 6 月初版
2024 年 6 月第 2 次印刷
©2023 2024 非凡出版

規　格

16 開（210mm x 150mm）

ISBN

978-988-8809-88-2